이것이 인생이다

김명이 시집

창연

이것이 인생이다

□ 시인의 말

– 여든 고개를 넘으며

 상쾡이 젖먹이가 살던 광암 바닷가 어부의 딸로 태어나 여자란 이름 때문에 제대로 된 공부 못 한 것 외에는 부족한 것 모르고 살았다. 우리 부부는 사랑해서 만난 것도 아니고 부모님의 말씀을 거역하지 못해 맺어진 인연이다. 애원하듯 "사랑하는 사람이 있어 못한다"고 말했더니 "사랑을 팔아 부모를 살래 부모를 팔아 사랑을 살래"라며 그 사람과 결혼하지 않으면 엄마가 죽는다고 하니 내가 더 무엇이라고 대답할 수 있을까? 협박 같은 그 말을 듣고도 자신의 의견을 말하지 못한 채 울고만 있었던 그때, 희생이란 말을 남기고 결혼하겠다고 했다. 그 당시 총각의 말은 희생으로 어찌 결혼하느냐며 다그치지만 나는 말했다. "내가 사랑하지도 않는 사람과 결혼한다는 것은 엄마와 오갈 곳 없는 병일씨를 위해서 내 몸 하나 희생하면 두 사람을 살리게 되니 결혼하자"고 했다. 몇 날 며칠을 울고 있는 사이 약혼날짜는 잡혔다. 약혼식 날 동생이 불행하리라는 것을 알면서도 강제 결혼을 시키려는 부모가 보기 싫어 가출해 버린 오빠는 결국 결혼식에도 나타나지 않았다.

약혼하고 3개월 후 결혼하여 "김명이"라는 사람은 이 세상에 없는 사람으로 혹한의 세월을 살았다. 그동안 3남 1녀를 둔 엄마로서 시부모님 모시고 병들어 허약한 남편과 식구들 건사하기 위해서 곡마단 여자 배우가 되었고, 그렇게 배우 생활 33년 접고 나서야 서서히 "김명이"라는 이름 석 자가 고향 강바구 앞바다와 함께 다시 세상에 나오게 되었다. 여든 고개를 뒤돌아보는 바다 생활 40년, 무식했던 청일호 여선장인 나는 하나님이 불러 바다가 아닌 세상 속으로 나왔다. 그 후 연필을 잡고 허공에다 꿈을 그렸다. 평생에 하고 싶은 공부를 경남대학교 평생교육원에서 박태일 교수님의 가르침으로 꿈을 펼쳤다. 그렇게 2004년 『그 사람이 보고 싶다』, 2011년 『바다가 쓴 시』, 2013년 고향 저서 『강바구를 노래한 사람들』, 2016년 수필집 『바다는 왜 성추행을 해도 죄가 되지 않을까』, 2018년 『늙은 고래의 푸념』, 2020년 『시작이 반이다』, 2023년 『이것이 인생이다』 저서들은 나의 분신들이다.

 나의 삶의 질곡이 독자의 눈에는 어떻게 비칠까 두려운 마음이다. 허접한 작품인 줄 알면서도 독자에게 이해를 구하며 황반변성(눈질환)으로 시력이 날로 흐려가지만, 지난 세월을 한 글귀 두 글귀 조심스레 쓴 것을 여든을 앞두고 내놓는다. 저를 아는 모든 분께 감사들 드린다.

광암에서 김명이 올림

차례

시인의 말

1부_남해 가천 다락논

더부살이 • 12
남해 가천 다락논 • 13
봄 바다는 • 14
오늘만이 내 날이다 • 15
사천 무지개 길 • 16
바다가 그리운 날에 • 17
광암해수욕장을 걸으며 • 18
주도 가는 길 • 19
구들방 아랫목 • 20
한세월 살다 보니 • 21

2부_철고래는 수컷이었다

이런 날도 있었다 • 24
이것이 인생이다 • 25
바다를 이겼다 • 26
어떤 인연 • 28
철고래는 수컷이었다 • 30
참새 사랑 • 32
인연이란 • 34
핑크뮬리 • 35
수능 합격통지서 • 36
동반자 • 38

3부_암흑 속 48시간

낙안읍성에서 • 40
십년지기 날벌레 • 41
만남이란 • 42
동창생 • 43
암흑 속 48시간 • 44
추억을 찾아 • 45
첫눈 찾아 천릿길 • 46
증인이 된 소나무 • 47
추억에 웃었다 • 48
주도의 지명과 유래 • 49

4부_작은 행복

하나님의 기적 • 52
하나님의 기적·2 • 54
첫사랑 • 55
그분의 은혜 • 56
봉사는 나의 즐거움 • 57
새벽별 • 58
가을 들녘에서 • 59
그때는 나 주님을 몰랐네 • 60
첫 손녀 사랑 • 61
작은 행복 • 62

5부_구원의 샘물

딸이 시집가는 날 • 66
바다는 쉬운 일 아닌데 • 67
양다함 양과 닉군의 결혼식 축시 • 68
코로나19 • 70
쪽방촌 봉사 가는 날 • 71
코로나19는 • 72
구원의 샘물 • 73
한 장 남은 달력을 보면서 • 74
하늘가는 항해사 • 75
박수훈과 양다은 결혼 축시 • 76

6부_하늘도 땅도 울었다

내 앞에 나타난 하나님의 사람 • 80
주님 다시 내 손을 • 82
듣든지 아니 듣든지 전하라 • 83
나의 멘토님 • 84
하늘도 땅도 울었다 • 86
그리운 목소리 • 88
사랑의 꽃동산 • 89
야베스 공원에서 • 90
빚진 자의 심정 • 92
땅다지개 망께 노래 • 94
뒤돌아보지 마라 • 96

■ 해설
지구를 지배하는 건 남자, 그 남자를 키우는 건 어머니
    예시원(시인·문학평론가) • 97

1부

남해 가천 다락논

더부살이/ 남해 가천 다락논/ 봄 바다는/ 오늘만이 내 날이다/
사천 무지개 길/ 바다가 그리운 날에/ 광암 해수욕장을 걸으며/
주도 가는 길/ 구들방 아랫목/ 한세월 살다보니

더부살이

나무야 나무야
푸조나무야
네 성품이
푸근하고 넉넉한 줄 알고
더부살이가
네 몸통을 비집고 파고들었네

네 몸통을 칭칭 감고
숨통을 조여 가니
푸조나무는 기운 잃어 말라가고
불청객이 주인처럼
기세등등하구나!

곁에서 보는 이가
보다 못해
더부살이 숨통을 끊어놓았네
심성 고운 푸조나무야
한시름 놓고 살 것 같지
이제는 가슴 펴고 편히 살아라!

남해 가천 다락논

옛적 그 옛적에
울엄마 울아버지

허기져 배꺼죽에 등짝이 붙었다네
팔다리 상처투성이 성한 날 없었다네

돌을 캐고 흙짐 지고
피눈물 범벅이라

계단마다 흘린 눈물 얼굴을 씻고
논밭에 풀포기마다 한限 서려 울었다네

다랭이논 질 갱이 심어
허기진 배 채웠다네

등지게로 한 뼘 두 뼘 넓힌 땅에
골병만 남은 사연이 얼마나 많았을꼬

소와 쟁기만이
필수인 다랭이논밭

세월 흘러 이천오년 명승지 되고 보니
유채꽃 해안 산책로 관광객이 인산인해

봄 바다는

갈매기 허공을 물고
끼루룩 노래하면
바다는 파래진 물비늘로 나를 부르고
바람은 머리카락을 날리며 유혹하는구나!

우수 경칩 지나고
봄으로 가는 길목에서
봄의 분자를 세고 있는 바람은
바다의 속셈을 읽고 은비늘로 소멸하네!

4월은 산란의 계절
생의 칼날을 세우며
생동감 넘치는 어부들의 절정
사공은 한 마리 고래처럼 바다를 분석하고 있다

오늘만이 내 날이다

오늘을 사랑하자
한 발짝 또 한 발짝 가다 보면
우리의 삶이 좀 더 가뿐하지 않을까

내일은 늦을지도 모르는
오늘이 내 생애 최고의 젊은 날

오늘을 열심히 살자
유산소 부족에 호흡이 곤란해
걷고 걸어야 산다는데
오늘이 있어야 꿈도 미래도 있다는데

오늘이 없으면
내일도 없다는 것을
삼척동자도 알고 있는 것을
세월 탓 하지말자
나이 탓도 하지말자

내 얼굴에 주름이
날마다 깊이 패였을지라도
마음 안에 지는 주름은
다림질이라도 하여
내 마음만은 주름 없는 중년이고 싶다

사천 무지개 길

햇볕이 와 닿는 한낮
푸른 바다가 눈이 부셔라
남해 마을 바다는 에메랄드 지천이네

무지개 길을 찾아 돌고 돌아
신창 풍차 해안도로 달리다
멋스런 풍차 앞 넓게 뻗은 갯벌,
낙조에 맞물린 불타는 바다
아름답기도 하여라

출렁다리처럼 길게 뻗은
바지선 아래 새끼 게들
짱뚱어 구멍 속으로 숨바꼭질에
시간의 개념도 잊은 채
아이도 어른도 놀이터가 되는 곳

동화 속 풍경 같은
보도블록 길이 환상적이다
길이 무지개다

바다가 그리운 날에

햇살이 뻔득이는
바다로 가고 싶다
아~벌써 8월이구나?

내 마음
저 바다 묵은지 같은 정 하나를
출렁이는 바다에 던져보고 싶다

이 여름에 땀 흘려 키운
잘 익은 옥수수 따다가
은빛 바닷가에서
하모니카를 불고 싶다

사랑하는 내 친구 불러
바람과 갈매기와
파도소리 들으며
오래도록 그리웠던
바다가 들려줄 이야기도 듣고 싶다

광암해수욕장을 걸으며

오래도록 산책을 잊어버리고
7월을 보내야 하는 아쉬움에
오랜만에 마음먹고 사립문을 나섰다

광암해수욕장 모래밭에
사박사박 발 빠짐도 괜찮았다
오랜만에 나와 보니
둘셋씩 정답게 걷는 이도
반갑게 맞아 주는 이도 있어
마음에 힐링이 되는 산책이었다

몸무게 1kg인 애완견 흰둥이와
앞서거니 뒤서거니 발 도장을 찍었다
조그만 발로 토끼처럼 팔딱 뛰며
발자국을 남기며 사인하고
돌아오려니 모래가 더
놀다 가라고
한사코 매달린다

주도 가는 길

해수욕장을 지나
바다 위로 수상다리가 놓였다
개통한 지 몇 달이 지났는데
이제야 다리 위를 걸어보았다
아~ 아름답다

이곳이 이렇게 아름다웠나?
감탄이 절로 나온다
고요한 아침
절벽의 푸른 소나무
푸드덕 한 쌍의 왜가리 사랑의 구애
수면에 비친 저 아름다운 그림 한 장
찰칵 내 폰에 저장했다

다리가 놓이지 않았을 때는
절벽 아래 바다라 엄두도 못한 길
쓸 물때는 절벽을 타고 걷노라
풍광이 좋은 줄도 몰랐다
내 고향 주도 가는 길이
이렇게 아름다운 줄 내 미처 몰랐네
내 고향 풍경이 참 좋아졌구나?

구들방 아랫목

울 엄마 찰칵찰칵 베틀에 앉아
몇 날 며칠 무명베 짜서
검정물 들인 이불 껍데기에
빨강 깃 달아
하얀 목화솜 속을 채운 폭신한 이불
여섯 식구 그 이불 하나 밑에 꼼지락 꼼지락
엄동설한 이맘때가 되면
그때 그 이불이 생각난다

밖에 나간 식구들 밥 한 끼
엄동설한 그 겨울에
놋 양푼에 밥을 담아 식을세라
아랫목 이불 밑에 묻어놓고
사립문에 왔다 갔다 들랑날랑
조바심이 아궁이에 불을 지폈다

꽁꽁 얼어 호호 불며 일하던 손들이
방바닥을 쓸며 이불 밑으로 밀어 넣고
저녁이면 여섯 식구의 발들이
함께 헝클어져 웃음꽃이 피었지
지금은 다 하늘가고 나 혼자 남아
가끔씩 형제간의 정을 키운
폭신했던 검정 이불이 생각난다

한세월 살다 보니

설 하나 지나니 또 한 살을 먹었네
시 한 수 적고자 볼펜을 들었건만
텅 비어버린 머릿속
무엇을 생각했을까
무엇을 쓰고자 했을까
볼펜만 만지작거리고 있다

외출에서 돌아오는 길에
분명히 휙 지나치는 것 하나
깜빡깜빡 잊어버리는
이것이 세월이구나
가는 세월 누가 잡을 수 있겠는가

정다웠던 모습들을
기억하고 또 기억해도
얼굴이 생각나면 이름이 없고
이름자 생각나면 모습이 없고
애꿎은 세월만 돌아보았다

2부

철고래는 수컷이었다

이런 날도 있었다/ 이것이 인생이다?/ 바다를 이겼다/ 어떤 인연/ 철고래 는 수컷이었다/ 참새사랑/ 인연이란/ 핑크뮬리/ 수능합격 통지서/ 동반자

이런 날도 있었다

여항산 허리를 감고 도는 운해가
내 마음도 휘감고 혼을 뺀다
보슬비는 운치를 한 것 북돋우고
오가는 길가에 보기 드문 뱀싸릿대 보니
대문 앞 훤하게 쓸고 계신 엄마 모습 보인다
비 내리는 함안 강주리 해바라기 축제장
방청객 없어도 품바는 흥겹다
축제장 비치해 놓은 우산 하나 얻어 쓰고
노란 우산에 노란 해바라기
사람 마음을 노랗게 물들였다

산등선에 오르니
쉼 없이 해바라기 안고 돌아가는 풍차
그 앞에 수많은 연인들 잡는 포즈를
국수처럼 쏟아지는 작달비도 못 말리는
찰각거리는 셔터소리 하하 호호
비를 피해 전망대에 앉아
빗소리 반주 삼아
잠시 시낭송에 취해 본다
오늘 하루 멋지고 행복한
노랑 우산에 나도 해바라기가 되었다
비가 내리니 한층 더 멋있는
드라이브가 힐링이었다

이것이 인생이다

그 무엇을 찾으려고
한평생을 바다에 저당 잡혀
그토록 동분서주 했던가
바람을 잡으려고 그물을 쳐도
그물에 걸리지 않는 바람소리
파도가 흰 이빨을 무섭게 드러내면
나는 파도의 등뼈를 타고
바람의 곡조 따라 마음 졸이며
온몸으로 춤을 추어야만 했었지

그렇게 희로애락을 함께했던
바다는 내 인생의 동반자
갈매기 벗을 삼아
상괭이와 말씨름하며
그렇게 또 한세월 살았지

사시사철 유행도 모르고
바다가 지어준 젖은 옷 한 벌
바다가 내게 베푼 만 가지 은혜가
오늘의 나를 만들어 주었네
바다 생활 40년을 살다가
다 내려놓고 돌아보면
가져갈 것 하나 없는 빈손인 것을

바다를 이겼다

검은 바다 새벽 별 하나 따려고
홀로 마음에 날개를 달아
하루치 필요한 에너지를 충전한다
는개 내리는 이른 새벽 바다에 던져진 별을 찾아
콧노래로 어둠을 밝히는 내 자가용
털컥, 엔진이 꺼지고
용수철이 튕기듯 스크루 물살이
소용돌이 분수처럼 날린다
갈 곳 없는 떠돌이 굵은 밧줄이
구렁이 나무를 칭칭 감듯이
스크루 심부 대를 칭칭 감아 꼼짝없이 잡혔다

넓은 바다에 도움 청할 곳 없어
죽기 살기로 내가 해내야 한다고
바다는 나를 어서 내려오라고 유혹하고

가는 밧줄 한쪽 끝으로 내 몸을 묶고
또 다른 한쪽 끝은 배 선체에 묶고
뱃고물로 내려갔더니 파도가
내 옷을 벗기려는 무례함도 모자라
허연 이빨을 내보이며 침을 질질 흘린다

내 엉덩이를 찰싹찰싹 두들기면

간이 오그라드는 성희롱 당해도 속수무책
뱀 혓바닥처럼 온몸을 구석구석 핥아
소름 돋는데 아무 저항도 못 하는 내 몸은
마치 물살에 밀리는 미역 같더라

밧줄을 끊어내려고 칼을 쥐고
야금야금 베어 보지만 파도는 녹록치 않다
수십 번 바닷속으로 들어갔다 나왔다
짠물은 코로 들어갔다 입으로 뱉어내고
바닷물이 짠지 싱거운지 감각이 없다
다만 목이 터질 듯 따가울 뿐이다
장장 7~8시간의 사투 끝에
나는 바다를 한 움큼 움켜쥐고 뻔쩍 들어 올렸다
붉은 핏물이 손을 타고 뚝뚝 흘렀다
우와! 결국 해냈구나 내가 해냈어

어떤 인연

만남이 인연이 되는 것도 몰랐다
짧은 인연을 보내고
운명처럼 바다는 그렇게 나에게 왔다

꽃이 피고 지는 줄도 모르며
40년을 애인처럼 안고 산 바다
파도가 치면 파도 따라
바람이 불면 바람 따라
바람의 음곡에 맞춰
온몸을 내맡기며 춤을 추었다

빈손으로 태어났는데
그물이 비었으면 어떠랴
젖은 옷 그대로 고드름을 털며
빈 배로 돌아가면 또 어떠랴
노을보다 붉은 가슴앓이
나는야 청일호 여선장

세월이 흘렀다
바다의 물살을 가르기엔
세월이 너무 흘렀다
지금 미더덕을 까면서
간간이 파도 사이로 들려오는

해조음을 들으면
겁도 많은 한 소녀가
평생 주는 대로 받아들인
바다 이야기를
아직도 다 못하는 어떤 인생 이야기를

철고래는 수컷이었다

바다 복판에 작은 막대기 하나
빠른 속도로 걸어가는 저게 뭘까
바다에도 길이 있는데
샛길에서 자동차가 튀어나오듯이
곧 부딪힐 위험의 순간
아~아 비명소리
수면 위로 갑자기 푹 솟아오른 대여섯 수컷들
물에서 기름끼가 번지르르한
검은 괴물이다
그 괴물은 잠수함이었다

충돌할 뻔했던 절체절명의 순간을
30년 노련한 순발력으로 간신히 피했다
공포에 떨다 호루라기 소리에
돌아보니 가까이 오라는 손짓도
무시하고 도망치려 했지만
탕 탕,
고막이 찢어질 듯한 공포탄에
아, 이제 죽었구나 생각에
오줌을 저려 바지가 젖는 줄도 몰랐다

손발이 달도록 빌고 또 빌어
수컷이 아닌 암컷이어서 간신히 풀려났다

남자였다면 반신불구 될 만큼
매타작을 맞고도 군사기밀 지역이라
항의도 못하는 곳
여자로 태어난 것이 난생 처음
다행이란 생각에 안도의 숨을 크게 내쉬었다

참새 사랑

열 살배기 키 큰 보리수
매화꽃이 한창 개화할 때면
보리수도 매화꽃보다
더 고운 빛깔로 내 마음을 훔친다
5월이면 반가운 친구들이
우르르 몰려와
밤송이처럼 주렁주렁 달린다

보리수가 익으면
어디서 알고 오는지
만나고 싶지 않은 친구들
째잭 째잭 맛난 것 따 먹느라
엄마 부르고 친구 부르고
나는 제일 뒤에 부른다

"애들아 나도 한 알 따주렴"
"안 되어요 할머니 손으로 따 먹어요"
"그래도 너희들이 한 알 따주면 좋겠어"
참새도 성가신지 뚝뚝 따서 주지만
내 손으로 받지 못하면
"할머니 잘 받아야지
땅에 흘리면 어떡해 째잭째잭!"

"참새야 해가 저물었으니
내일 또 와서 모두 따 따먹으라
이 보리수 열매 모두 너희들 거란다"

인연이란

창 넓은 찻집에서
봄 햇살 같은 은은한 미소에
내 마음을 빼앗겼다
한 아름 그리움이 풍기는
추억을 보석처럼 껴안고
그 찻집에서 지난날 돌아보니
지금도 가슴이 설렌다
원형 테이블에 놓인
액세서리 인형처럼
잠시 내게로 온 당신
따뜻한 사랑이 오가던
지난 날이 그립다
아직도 내게
이런 설렘이 있을 줄 몰랐다
살짝살짝 내 마음 흔드는
당신이 보고 싶다
향기로운 커피보다
더 진한
사람 냄새가 더 좋더라
스산한 가을바람 따라
함께 걷든 그 길에도
바람 불고 해 뜨고 노을도 지겠지

핑크뮬리

합천 신소양 체육공원에
그리운 친구 만나러 갔더니
지천으로 퍼져있는
아름다운 꽃동산
불면 날아가고
손대면 부서질 것 같은
핑크색으로 물들인 동산이 있어
아름다움에 현혹되어
아차 순간에 그 사람을 잊어버렸네

부르는 소리에 돌아보니
친구는 간곳없고
동산 중앙에 핑크뮬리 요정이
깔깔거리며 사랑하고 같이 놀자네
요염하게 보채는 요정에게 반해
그만 내 눈이 멀어버렸네

신소양 붉은 갈대
핑크뮬리 동산에 만난
요정의 유혹을 이기지 못해
요리조리 찾아다니다
아름답고 멋진 하루가 다 가 버렸네

수능 합격통지서

여덟 식구 뒤치다꺼리
정신없는 바다
딸아이 고등 장학생
대학 시험 떨어지기 바랐더니
수능 합격통지서
날벼락 같은 천둥소리
"한 번만 딱 한 번만
입학금 내주이소"

"여자는 시집 잘 가면 되지
대학은 무슨 대학이냐
남동생 셋은 어쩔 셈이냐"
가슴 찢는 아픔을 안고
방안 은둔생활 1년
보다보다 못한 저거 아버지
딸아이 데리고 서울 구경 한 바퀴
다시 새봄이 오고 딸 마산 자취 시작

공부 잘하고 그림을 잘 그려서
나중에 유명한 화가 될까
칭찬하고 응원한 것이
딸의 가슴에 대못일 줄 몰랐다
못 배운 한 맺힌 엄마

부뚜막에 흘린 눈물
굴뚝새도 따라 울고 가더라

모처럼 딸네 집 가면 가슴이 울컥,
크면서 표구점에 그림 그려주고
돈 벌어 대학 꿈 못 접던 딸
사진인지 그림인지 구분 안 되는
예쁜 아들딸이 액자 속 벽에 걸려있더라

동반자

아름다운 나의 바다
파란 꿈이 샘솟는 내 바다
춘하추동 밤낮으로
밀고 당기며 살아온 세월
나의 한숨에 파도는 부서지고
갈매기 한 곡조에 고달픔을 잊었지

철썩이는 파도와 살아온 40년
바다야 너 하나면 족해
항상 내 곁에 있어다오
네 앞에서 독백할 때가
가장 행복한 시간이란 걸 넌 알지
내가 외로울 땐
넌 온몸을 흔들어 토닥여 주었잖아

바다야 너와 나는 일심동체
너와 나 살갗을 부비며 살아온 세월
너를 상대하기 버거울 때도 있었다만
육신을 방패 삼아 열심히 살았지
내 인생의 동반자 나의 친구야

3부

암흑 속 48시간

낙안읍성에서/ 십년지기 날벌레/ 만남이란/ 동창생/ 암흑 속 48시간/ 추억을 찾아/ 첫눈 찾아 천릿길/ 증인이 된 소나무/ 추억에 웃었다/ 주도의 지명과 유래

낙안읍성에서

순천 낙안읍성 사또 초대받아 갔더니
사또께서 내린 밥상 부실하더라

돌돌 말아 소금구이로 올린 낙지발
꼬릿꼬릿 상한 역겨운 냄새
전라도 홍어를 삭히니
낙지도 삭히는가

사또,
꼬막무침은 맛이 또 왜 이래
생것도 삶은 것도 아닌 비위가 상하는구려

꼬리한 냄새에 주인 말을 듣지 않는
파리모기, 막아도 막을 수 없사오니
깊은 양해 부탁하옵니다

사또,
밥상은 이만 물리고
객사에 들려 잠이나 자고 가리다
길이나 안내하시오

십년지기 날벌레

어느 날 갑자기 찾아온
날벌레를 쫓으러 안과를 찾았더니
눈알에 주사를 맞아야 한다네
그 끔찍한 박사님 그 말씀에 공포감
3개월에 한 번씩 눈알에 주사를 맞아도
잡지 못하는 짖궂게 따라붙는 날벌레

십여 년 함께 살아온 벌레 하나
맞은 주사 수십 번
눈알이 벌레집일까

아무리 쫓고 쫓아도
눈감기 전에는 굳세게 따라붙는
눈뜨면 나보다 먼저 와 대기하니
눈앞이 어지럽네

위로 아래로 옆으로
멀리 가지도 않고 눈앞에 날아다녀
이제 포기하고 같이 데리고 살아볼 일이다
날벌레야 같이 사는 날까지 살아보자
내가 잠들면 그도 곁에서 잠들고
내가 잠 깨면 먼저 와 내 갈 길을 앞서가는 날파리

만남이란

황금빛 물결 일렁이는 들판은
소리 없이 사라지고
길섶에 우수수 떨어지는 낙엽들
벌서 가을은 저물었네
외로움은 외로움대로 저물고
그리움은 그리움대로 가슴으로 삭이며
노란 은행잎이 날리는 길 따라
가을이 부르는 대로 떠나고 싶다

저토록 아름다운 오색찬란한 단풍이
바스락 내지르는 비명을 남기고
겨울이란 폭풍에 사라지듯이
잔잔한 하늬바람에 머플러 날리며
사랑하는 사람과 무진정 벤치에 앉아
눈웃음에 마음 녹는 속삭임도
기억마저 머지않아 잊히겠지

마음속 흠모하는 사람 있다 한들
만남도 헤어짐도 하늘이 내린
자연 이치와 같은 것을
그래도 마음 맞는 사람끼리
마음 가는대로 따라
정답게 손잡고 단풍놀이 가보고 싶다

동창생

처음 만나 손수건 가슴에 달고
고사리 손잡고 강강술래
돌아보니 70년 세월 어디에 갔나

살다 보니 무지갯빛 인생을
찬란히 꽃피운
우리들 얘기 주저리 주절
하하 호호 웃다 보니
주름진 이마 위에 눈꽃이 피었네
만나면 즐거웠고
헤어질 때 아쉬운
세월에 밀려간
그 머슴아 그 가시나
바람에 날려간 친구들이 생각난다

불러보고 불러도 대답이 없어
그립고 또 그립구나
흉허물 틀어놓고 소탈하게 웃으며
만날 수 있을 때 만나고
걸을 수 있을 때 또 만나자

우리는 진동 초등학교 42회 동창생

암흑 속 48시간

레이저 3,000볼트
특수 광선을 눈 동공에 쏘아 넣고
어두컴컴한
블랙홀 속으로 빨려 들어간
빛이란 빛은 모두 차단된
비좁은 공간
작은 선풍기 하나와 침대가 있는
블랙홀에 갇혀 섬이 되어버린
섬의 하얀 빈 공간
무엇이든 공간을 채우려고
생각을 비틀고 쥐어짜도
아무 생각이 없는
물컹한 액체만 뚝뚝 떨어지는
7월의 마지막 날
하얀 섬이 되어버린
일일이 여삼추라는 속담처럼
1시간이 하루 같은 길고도 긴 48시간은

추억을 찾아

일없이 바다 한 바퀴 돌고 싶어
뱃머리 줄을 풀었다
평생을 옆구리에 끼고 살던 갯바람
오늘도 어김없이 팔짱을 끼고 따르니
그래 같이 가자, 애교로 받아 주마
평생을 기계음에 묻혀 살았건만
오늘은 엔진소리가 정겹다
광암해수욕장을 지나
작은 섬, 수우섬, 지나
다람쥐섬에 가니
다람쥐 한 마리 솔가지 끝에서
꼬리로 쫄랑쫄랑 춤을 춘다
누군가 날 마중 나올 것 같더니
다람쥐가 날 반기는구나
또랑또랑한 다람쥐야 고맙다
그 옛날 뿌려놓았던
주저리 주절 이바구 한 보따리 주워 담아
팔짱을 끼고 돌아왔더니

관절에서 소금기 저린 바람이 새어나온다

첫눈 찾아 천릿길

보고 싶어 몸살이 났다
두 손으로 끌어안고 싶은 충동
고즈넉한 하얀 숲길
홀로 사색에 빠져
온몸으로 안고 뒹굴고 싶다

숲이 미친 듯이 춤을 춘다
나는 네가 보고 싶어
천릿길 한걸음에 달려왔건만
이건 아니야
0초 사이 내게 소복을 갈아입히고
덥석 끌어안고 간음하려 들다니
사정없이 두 뺨을 비비며
입술을 더듬다 말고
미끄러지듯 아래로 끝내는

그리움으로 목말라
둘이 하나 되는 불붙는 순간
뜨거워야 할 너와 나 사이
등골이 시리도록 냉기가 흐르는 이유는

증인이 된 소나무

소록도는 70년 전 그 고통
시퍼런 상처 솔잎마다 남았네
엄마 품을 그리다 못 견뎌
엄마가 보고 싶어
집에 가고 싶어
아이는 몰래몰래 울었다네
바다가 가로막혀 갈 수가 없어
달빛에 보이는 건넛마을
엄마를 부르고 또 부르다
바다 위로 그냥 걸었다네

왜병순사가 길을 막아
아이는 밤 물살 타고
헤엄치다 사라졌다네
한센병 환자들 배곯아
풀뿌리 캐먹고
몰래몰래 소나무 껍질 벗겨
진을 끓여 허기 면한
70년 세월 뒤에
소나무들 뼈가 드러난 흉터만 남았네
가슴에 깊이 팬 상처와 고통,
그날의 참극을 소나무가 말해주네

추억에 웃었다

일상이 되어버린 아침 산책
끈적끈적하게 젖은 물안개
휘휘 내저었더니
물컹한 추억 하나가
내 앞에 뚝 떨어진다

가든 길 잠시 멈춰 갯가에 앉았다
자갈들이 자잘한 파도에 밀려
때그락 때그락
구르는 해조음을 들으며
나는 그 옛날 동심으로 돌아가고

눈을 감고 회안에 젖어
밀려오는 파도소리를 들고서야
바다가 무서운 줄도 모르고
홀러덩 옷 벗고
바닷물에 멱 감으며
천방지축 숭어처럼
퉁벙퉁벙 뛰놀던 옛 생각에 웃었다

주도의 지명과 유래

장곡산 줄기 끝 수월게
바다로 이어진 큰 수우도
썰물 때 길이 열리는
작은 수우도에는
조선 중기 1,500~1,600년경
큰 부자 추 씨가 살았으며
당시 수년 동안 극심한 가뭄으로
초근목피로 연명하던 일가족들이
배로 건너와 걸식을 위해
많은 사람들이 왕래하다
그러한 상황이 계속되어 오다 보니
귀찮아지자 나룻배를 끊어 버렸다
당시 뱃길이 끊어지니
많은 사람이 아사하여 당산 곳곳
1km 거리에 많은 무덤이 생겼다 한다
그 당시 작은 섬에 술과 밥이 후하다 하여
술 주酒자 섬 도島자 주도로 지명되었다는
설화가 있었으나
현재의 마을 명은 김창규 씨 조부께서
주창처사로 하여금
구슬 주珠 길 도道자로 주도珠道라
변경하여 사용하고 있다는 유래를 알았다

4부

작은 행복

하나님의 기적/ 하나님의 기적·2/ 첫사랑/ 그 분의 은혜/ 봉사는 나의 즐거움/ 새벽 별/ 가을 들녘에서/ 그때는 나 주님을 몰랐네/ 첫 손녀 사랑/ 작은 행복

하나님의 기적

간경화로 간 수치 높고 복수가 차
엎친데 겹친다더니 뇌출혈까지
5일 밤을 지새우니 세 살 짜리 애기가 되었네
부산 백병원서 수술도 못한 채 3개월,
무말랭이처럼 살이 다 빠진 남편

서울 중앙병원에 소견서를 내밀었더니
다른 병원에 가보란다
이판사판 죽기 살기로 난동을 부렸다

"의사들! 너거 본분이 머꼬?
사람 살리는 기가? 죽이는기가?
뭣이 의사 너거 본분까지 잊어삣나?
내가 가르쳐 주까?"

오기가 하늘 중천까지 솟구쳤다
살려보겠다고 천릿길 마다않고 너희 병원에 왔으면
응급실에 눕혀 링거라도 놓아주고 보내는 것이
의사 너거 본분 아니더냐!
죽던 말든 저토록 땅에다 팽개쳐 둘거냐
한바탕 소동 끝에
응급실 침대에 눕히고 링거를 달았다
입원 9일 만에 퇴원 수속을 신청하고

6층에 교회가 있어 하나님께 매달렸다

작은 전단지 하나로 주님을 만났다
하나님 당신께 기적이 있으면 남편
내일 딱 하루만 생명을 연장해주면
이 목숨 다하는 날까지 하나님 말씀대로
살겠노라고 하루만 딱 하루만
처절한 몸부림에 하나님은 들어주셨다

신진대사 멎은 지 5일 맥박도 미동도 없는
시체로 인정, 링거마저 제거한 채
구급차에 실린 남편,
딱 하루만 애원했는데
기도와 간구로 98일을 살게 하셨고
맑은 정신으로 아멘으로 하답하고 소천하셨다

하나님의 기적·2

지아비 뇌출혈로 쓰러져
이승과 저승을 넘나들던
어느 날
당신은 나의 손을 잡았습니다
수고하고 무거운 짐 진 자들아
다 내게로 오라
내가 너를 쉬게 하리라
그 말씀에 힘입어 눈을 떴습니다

주님을 만나고
새로운 삶을 얻었습니다.
당신을 닮아가는 삶이고자 할 때
작은 이웃이 눈에 보였고
지친 내 육신을 방패 삼아
강도 만난 이웃이 되려고 노력합니다
끝까지 내 손을 잡아주소서!

첫사랑

주님 내가 당신을 사모합니다
처음 만남의 그 순간
그 짜릿한 첫사랑을
잊지 말게 하소서

삶의 하루하루가 지치고 힘들어도
곁길 가지 말게 하소서
눈앞이 캄캄하여 보이지 않을 때
내게 빛으로 오신 주님!

메마르고 척박한 땅에
그 크신 주님의 사랑나무 심어놓고
온정을 쏟아 가꾸게 하소서
이 생명 다하는 끝날까지!

그분의 은혜

옛말에 낫 놓고 기역 자도 모른다고 했든가
한글도 제대로 쓰지 못해
그림 그리듯 글자를 쓰기도 했었지
그분을 사모하는 마음에 사랑을 배웠고
받은 그 사랑 전하고자 운전을 배웠다

이틀 동안 공부하고
운전 필기 시험지를 받았다
단 1회에 그 어렵다는 필기시험은 합격이다
얼마나 고맙고 감사한 일인가
높은 곳에 계신 그분은
내 답안지에 쓱 쓱 답을 찍어주셨다

내 실력으로 가당찮은 점수
그분의 은혜로 필기도 실기도
도로 연수까지 꼭짓점을 찍어주시어
단 한 번에 운전 면허증을 내손에 주셔서
오늘도 감사함에 두 손 모은다!

봉사는 나의 즐거움

정신을 벗어놓고
살아가는 김종하 씨
바쁜 시간 쪼개가며
가정방문 가는 날
간식과 반찬거리 이것저것 준비하면
내 마음의 기쁨은 두 배다

주님이 제자들의 발을 씻기신 것처럼
어르고 달래가며 씻기고
목욕 후 추한 모습 간데없다
나무처럼 딱딱한 손톱 발톱 자를 때는
먼 훗날 내 모습일 수도 있다는 생각

풍부한 유머를 섞어가며 손톱을 자르고
엉킨 수염을 면도할 때는
잘 생긴 멋쟁이라고
엄지손가락 세워 보이면
벗어놓았던 정신이 잠시 돌아온다

할아버지! 내 애인할래요?
합죽한 입이 함박웃음으로 소리 내어 웃는다
기쁨의 웃음소리 뒤로하고
돌아오는 발걸음도 가볍다

새벽별

아침에 눈 뜨면
제일 먼저 생각나는 주님의 사랑
새벽별 빛난 별 내게 주시고
차창밖에 불어오는
새벽의 싱그러운 풀 냄새
나 오늘 행복하고 감사하네

주님이 지으신 꽃동산에
기지개 켜는 노란 개나리
남새밭 귀퉁이에 앉은뱅이 민들레
봄이 왔네? 봄이 왔어
봄바람 앞세워 꽃구경이나 갈까

분분이 날리는 꽃나비
사뿐히 바람의 줄기를 잡고 날아
내 얼굴을 간질이네
콧등에 앉아 아기처럼 재롱을 부리네
주님이 내 곁에 함께 계셔
아! 복되고 즐거운 하루였네

가을 들녘에서

가을이 성큼 다가옵니다
10월을 보내는 마지막 날
산천은 눈물겹도록 아름다운데
헐벗은 영혼처럼 의지할 곳 없을 때
내 손을 잡아준 당신의 사랑을 기억합니다

힘들고 지쳤을 때
내게 힘이 되어준 당신
세상에 발목이 잡혀 헤매다
공허한 마음에 목이 탑니다

주여! 나의 손 다시 한번 잡아주소서

황금 들녘을 지키든 빈들에 허수아비처럼
말로도 글로도 다할 수 없는
이 외로움을 당신은 아시는지요
주님 말씀으로 나의 빈 가슴을 채워 주소서

그때는 나 주님을 몰랐네

내가 미처 세상 바다에 빠졌을 때
그때는 주님을 몰랐었네
세상의 유혹에 휘청거릴 때
주님은 내게 매를 드시었네

매미가 세상을 뒤흔들었을 때
앞마당은 바다가 되고
집 앞에 여기저기 정박한 어선들
갈매기 왜가리도 덩달아
굿판을 벌일 때
그때서야 나 주님을 알았네

죄 많은 세상의 사람들은
하늘 무서운 줄 모르고
세상도 바다도 미쳐가는가
죄 가운데 두려워
떨며 눈치 보지 말고
속히 돌아왔으면 좋겠다
돌아오라 우리 주님 품으로

첫 손녀 사랑

아가야 너는 복된 가정에 등불이 되어
이 세상에 태어났구나!
아가야 너는 커서 아비의 희망이 되고
네 어미의 꿈이 되어 주님의 은총으로
영원히 시들지 않는 웃음꽃으로 피어라

아가야 너는 축복된 나라에 횃불처럼
이 세상에 태어났구나!
아가야 너는 커서 만인의 지팡이가 되고
어두움을 밝혀주는 빛이 되어
주님이 아끼는 보석이 되어라

아가야 너는 사랑을 전하는 성령의 은사로
이 세상에 태어났구나!
지극히 작은 자를 돌아보는 자가 되고
구제하는 마음 길러 기쁨을 찾아
임마누엘 함께 동행하며 즐거워하라

아가야 네 어미는 할미의 첫사랑이고
너는 네 어미의 첫 새끼란다

* 딸이 두 나팔관이 막혀 불임이라 기도로 얻은 손녀.

작은 행복

행복이란 따뜻한 사랑을 주는 것
앉아서 걷는 팔순의 언덕배기 집
방안 윗목에
받아둔 소변조차 얼어붙은 냉기는
마음을 시리게 했다

이웃에 목사님이 계셔
수시로 살펴주시고
때때로 말씀으로 찬송으로
할머니는 외롭지 않으셨다

인정 많은 이웃의 온정이
때로는 설사병에
담요 이불 옷가지
툭툭 얼음 깨고 빨아 널은
빨랫줄에 주렁주렁 고드름
할머니의 수심처럼 달렸었다

사랑과 행복을 안고
한 달에 한 번 찾아가던 집
끝내 독거노인은 가고 없었다
흰 머리카락만 여기저기 누워
할머니의 환상처럼

지난달 마지막 남긴 말
귓가에 맴돈다 벌써가려고

5부

구원의 샘물

딸이 시집가는 날/ 바다는 쉬운 일 아닌데/ 외손녀 결혼 축시/ 코로나19/ 쪽방 촌 봉사 가는 날/ 코로나19는/ 구원의 샘물/ 한 장 남은 달력을 보면서/ 하늘가는 항해사/ 박수훈과 양다은 결혼 축시

딸이 시집가는 날

불신자 가정에서 홀로 주님 섬겼네
불신자 집안에는 예수쟁이 싫다 하고
주님 모신 가정에는 반쪽짜리 싫다 하니

누구 우리 딸 며느릿감 어떠한지
광고하고 다녔더니 하나님의 은혜로
딸이 원하는 믿음 하나 믿고
주님 사랑받아 시집을 가네
천상배필을 만나 어미 품을 떠나네

해는 저물어 황혼은 짙어 오는데
무엇을 잃었기에 이렇게도 허전할까
연밥처럼 구멍이 숭숭 뚫린
텅 빈 이 가슴에 무엇으로 다 채우랴
여린 날개 눈비 맞고 지칠세라
가슴 조이면서 노심초사 애태운다
주님의 은총 아래 말씀으로 서약 맺었으니
비둘기처럼 원앙처럼 복된 가정 원하노라

1989년 11월

바다는 쉬운 일 아닌데

바다 생활 어부로 산다는 것
쉬운 일 아닌데
생사를 바다에 맡겨야 하는 운명
내가 살아온 바다 인생
쉬운 일 아닌데
자식에게만은 물려주고 싶지 않았는데
둘째가 뱃전에 발을 올렸다
한사코 말리고 또 말려도
엄마가 겪을 고통을
눈 뜨고 더 볼 수 없다며
기어이 서울 생활 접고 내려온 아들

바다 생활 쉬운 일 아닌데
내가 하던 바다 사업
뚝심 하나로 버텨온 양식장
미더덕, 오만둥이 생굴을 까며
밤 두세 시 바다에 나가면
미더덕을 채취하여 7시 선착장 도착
기다리던 아지매들 미더덕 까다 퇴근 시간 5시
이제 젊음을 다 바친 바다를 떠나야 하네
내 친구 바다도 눈시울을 붉히고
지는 해를 따라가든 갈매기도
구슬프게 이별가를 부르는구나

양다함 양과 닉군의 결혼식 축시

주님의 사랑받아 말씀으로 서약 맺고
품에 안은 새끼 새는 어미 품을 떠나네

마음 졸이며 애태우는 어미새의 기도로
주님의 은총 아래 주님 사랑 축복받아
비둘기처럼 원앙처럼 축복받는 가정 원하노라

멀고 먼 캐나다에서 하늘을 날아 건너
품격을 다 갖춘 남자 중에 상남자 닉군을
한국 땅에 뚝, 떨어뜨려 놓으신 뜻은
주님께서 두 사람 맺어준 인연이리라
천상배필로 만나 화촉을 밝히니 참 좋아라

신랑 니클르서 닉군은 아내의 허물을
깊고 넓은 바다처럼 품어주고
신부 양다함 양은 남편을 주님 섬기듯 사랑하고
질경이 같은 인내로 아내의 임무를 다하는 날
주님의 말씀 안에 은혜의 꽃동산을 화사하게 피우리라

눈꽃 속에 한겨울을 견뎌낸
노란 복수초꽃 같은 강인한 사랑으로
주님의 말씀에 힘입어 두 마음 하나가 될 때
반짝반짝 빛난 별처럼 만인의 사랑받고

예수님과 동행하며 평화로운 가정 원하노라

* 외손녀 결혼 축시.

코로나19

전도자의 딸로 태어나
머나먼 타국 땅 호주에서
홀로 떨어진 외손녀 18세
어린 것이 얼마나 무섭고 두려웠을까
어린 나이에 하나님 말씀을 전하겠다고
두 자매가 선교길 떠났다가
언니는 돌아오고
동생은 돌아올 수가 없었던 나날들

코로나19 바이러스
순식간에 전 세계를 마비시켰다
가진 것 없이 홀로 섬이 되어버린
그 마음 누가 헤아릴 수 있을까
마음대로 돌아다닐 수도 없는
언제쯤 하늘길이 열릴까?

그래도 아이 곁에 주님이 계셔
생명의 말씀을 때때로 주셔서
배불리 먹고 주님이 주신
영의 양식을 이웃 간에 전했다는
하나님의 섭리를 인간은 모를 뿐이다

* 어린 자매가 선교 떠난 곳, 호주.

쪽방촌 봉사 가는 날

경제도 어렵고 시국도 어지러워
갈 곳 없는 노숙자 살아남기 힘들겠네
한 달에 한 번 쪽방촌에 봉사 가는 날
코로나19 바이러스도 막지 못하는
사랑의 발걸음

주님이 손잡고 이끌어주니
가난한 집에 심어놓은 사남매
나의 도움이 어디서 올꼬?
천지를 지으신 여호와께로라
주님의 말씀에 힘입어
기도에 힘쓰는 아들딸

하루가 천 날 같았던 이국 생활
호주에서 건너온 사실이 기적입니다
주님이 붙잡아 뚝 떨어뜨려 놓으신 것이라고
외손녀는 작은 이웃 돌아봄이 즐겁다고
믿음으로 환하게 웃습니다

* 외손녀 봉사 가는 곳.

코로나19는

한국 교회가 뿌리 내린 지 백 년
주일을 지키지 못함은 웬 말인가
예배를 드리지 못함은 웬 말인가?
한 달이 가고 두 달이 가고
1년이 훌쩍 흘러 가버렸네
언제쯤 이 땅에 평화가 올까?

전 세계 인류가 벌벌 떨게 하는 코로나19
서민들의 고통은 날마다 늘어가고
교회 생활 앞으로 막막하기만 하네!
주님 어찌해야 합니까?
우리 작고 연약한 애양원 교회
힘을 실어주소서 어떻게 해야 할지
하나님, 지금은 앞이 보이지 않습니다
교회 예배를 막는 코로나

구원의 샘물

하나님을 믿지 않는 아들에게
주님의 말씀 떡을 빚으려고
신구약 66권을 다 뒤졌다
마르지 않는 샘물을 찾아 반죽한 떡을
전해 주고 픈 마음을 언제쯤 알까?

일 년에 세 번 드리는 가정예배
온 가족이 둘러앉아 찬송하는 예배 중
주님 말씀 전할 때 멍하니 앉아
딴전 피우는 너희들이 안타까워
엄마는 가슴이 아팠다

언젠가는 네 입맛에 딱 맞는
말씀의 떡을 꾸어줄 거야
생전 처음 맛보는 떡 맛에
배부르고 나면
그때는 엄마 이 떡은 어디서 났지 물으면
만국을 다스리시며
마르지 않는 샘물을 솟게 하는
주님 계신 성전으로 손잡고 갈 거야, 아멘!

한 장 남은 달력을 보면서

한 해를 시작할 때는
계획한 일도 많았건만
아직 할 일은 태산 같은데
시간은 멈출 줄 모르고
무얼 하며 여기까지 왔을꼬

백발을 이고 앉아
회한에 젖어본다
시린 바람 문풍지에 우는 날
하현달 한 조각 가슴에 안고
외로운 영혼 찾아 마실이나 가자

늦은 밤 토담 밑에 웅크린
슬픈 이웃 있을까
캐롤송은 비좁은 골목을 누비는데
차디찬 하늘엔 홀로 외로운 아기별
눈알조차 시리다

차라리 하얀 눈이라도 내려
얼어붙은 가슴에 솜이불이 되었으면

2004년 12월 23일 밤

하늘가는 항해사

믿는 자는 주님이 늘 지켜주리
우리가 하늘가는 선원이라면
천성을 향해 가는 길에
나침판은 성경책이라
하나님 믿는 자는 낙심치 않으리

우리 모두 하늘가는 항해사가 되자
코로나19로 고통 중인 많은 사람
바울이 이탈리아로 가던 중
고난 당한 말씀이 생각난다.
하나님 말씀을 듣는 항해사가 되자

믿음의 스위치
성경의 스위치 자주 켜고
하나님이 주신 나침판인 양심을 밝히는
예수님 주신 횃불을 들고
정확히 알고 행선하는
하늘가는 항해사 되자

박수훈과 양다은 결혼 축시

사랑의 주님,
주님은 멀고 먼 하늘길을 열어
만남을 주선하여 맺어준 두 사람
양가 부모님 모시고 화촉을 밝히니
주님께 감사드립니다

다은이 앞에 얼굴 확 들이밀고
깔깔 웃기는 당황스런 첫 만남
외향적이고 재미있는
서로의 느낌으로 가까워진
귀엽고 발랄한 두 사람

캠프 사역 학교에서 석양을 함께 보며
서로의 힘이 되어준 주님께 감사하고
한때는 가야 할 길이 서로 달라
사귀는 걸 고민해보자고 했지만
겨울방학에 한국에 온 수훈군

상봉의 날에 애절한 사랑을 확인한 두 사람
주님은 늘 함께하셔서 사랑은 깊어만 가고

수훈이는 투자설계 사무자격증 받는 동시
스카우트되고

다은이는 영어 강사로
이렇게 7년의 벽을 넘어 사랑을 키운
두 사람의 결혼을 주님의 이름으로 축복 기도드린다

2022년 6월 17일

6부

하늘도 땅도 울었다

내 앞에 나타난 하나님의 사람/ 주님 다시 내 손을/ 들던지 아니 들던지 전하라/ 나의 멘토님/ 하늘도 땅도 울었다/ 그리운 목소리/ 사랑의 꽃동산/ 야베스 공원에서/ 빚진 자의 심정/ 땅다지개 망께 노래/ 뒤돌아보지 마라

내 앞에 나타난 하나님의 사람

오른쪽 뺨을 치면
왼쪽 뺨을 내밀라는
주님의 말씀 따라
말씀을 붙잡고 하루를 열고,
하루를 닫으시던 주의 종 이태군 장로님

생전에 교회를 일곱 번을 짓겠다고
하나님께 약속하고,
여섯 곳을 짓고 하나를 남겨둔 채
필리핀 교회 건축비 위탁하시고 소천 하셨네

1985년 심장병으로 사경을 헤맬 때
가쁜 숨으로 기고 또 기어서 교회까지…
죽기 살기로 하나님께 기도하며 매달려
숨을 쉴 수 있었고 더욱 하나님께
매달려 기도 중에
50대 청년으로 돌려주마 하던
성령님의 그 말씀이 생생히 귓가에 맴돌아
죽을힘을 다 쏟으며
하나님 말씀에 혼신을 다 쏟으셨던 이태군 장로님

주님의 뜻 받들어
하나님의 훌륭한 종으로

수많은 백성의 생명을
열심히 구원코자 희생하시며,
일생을 봉사하신 야베스 장로님

애양원 요양원 입소자와 직원
300여 명을 건사하며
그 흔한 자가용 하나 없는
전용차 1톤 포터 대표이사 이태곤 장로님

주님 다시 내 손을

한 생명을 얻는 것이
천하를 얻는 것보다 낫다고
수시로 늘 말씀을 전하셨던 장로님
장로님 삶의 일거수일투족을 보면서
나는 믿음을 가질 수 있었고
만분의 1이라도 닮고 싶었습니다
무소불능하신 하나님
죽은 자도 살리신
하나님을 만나 행복했습니다

나의 믿음만치 복 주심을 알면서도
나는 세상에 그만 한 발 빠져
그 귀한 첫사랑을 잊어버렸습니다
후회와 자책으로
눈물과 기도로 애써보아도
첫사랑 그 한때를 만날 수가 없어
주님, 간절히 소망합니다
주님께 반해버린 첫사랑
그 한때를
다시 내 손 잡아주옵소서!
주님 내 손 다시 잡아주옵소서!
성령님이 내 마음 붙들어주옵소서!
오늘도 두 손 모아 간절히 기도합니다

들든지 아니 듣든지 전하라

씨앗을 뿌려 때가 되면 싹이 나듯이
말씀을 듣든지 아니 듣든지
일단 전해야 된다고
우리에겐 전도해야 할 의무가 있다고
죽은 자를 살리신다고
이태군 장로님
전도 길에서 전한 말씀
그 후 10년, 그 말씀에 싹이 돋았네!

1대 1 전도로는 성이 차지 않아
나를 따라오너라.
내가 너를 사람 낚는
어부가 되게 하리라
주님이 베드로를 불러
사람 낚는 어부가 되라는
그 말씀에 힘입어
양로원을 설립하시고
수년 후 하나님의 지시로
또 요양원을 설립해
수많은 영혼을 구원하신 야베스 장로님

나의 멘토님

작은 체구에 말씀 따라 행동하는
그 삶을 만분의 일이라도 닮고 싶은
나의 멘토님
예수님은 못되어도
예수님 그림자라도 되겠노라고
만인을 사랑으로 돌아보든 장로님

20여 년 섬기며 사랑한
작은 예수 같은 주님의 종
한때는 낮아지고 또 낮아지고자
70 평생을 가졌던 이름자를
야베스라 부르라 개명하셨습니다

이태군 장로님의 희생적 고결한 삶이
예수님 삶과 같은 모습을 보여
감동과 감명을 받았습니다
진동에 이른 분이 계셨다는 것
너무나 자랑스럽습니다

얼마나 구부려 기도하셨을까
엘리야가 갈멜산 꼭대기로 올라
땅에 꿇어 엎드려 그 얼굴
무릎 사이에 넣고 기도하여

3년 가뭄에 비가 내렸듯이
등이 휘어지도록 성전에 엎드려
나라 걱정 지역 걱정 사회복지법인 애양원,
주야장천 기도와 간구로 굽어진 등
기도하는 그 모습 지금도 눈에 선합니다

* 열왕기상 18장 42절 – 갈멜산 엘리야의 기도 중.

하늘도 땅도 울었다

이 땅의 슬픔이다
김선일 그는 울고 있은 것이 아니다
마지막 순간까지 평화를 외치며 기도하고 있었다
온몸의 흔들림은 강렬한 기도였을 것이다
스데반의 순교를 기억했을 것이다

김선일 그는 아랍 지방 선교사가 꿈이었다
먼 이국땅에서 그는 순교하였다
그는 온 세상에 복음을 전한 것이다
그를 하늘 아래 온 백성들의 가슴에 묻었다

김선일 그는 선교사다
선교하기 위해 떠났다가
알자지라 만행에 싸늘한 시체로 변한
그 영혼을,
하나님은 그 영혼을 벌써 인도했을 것이다

김선일 그는 아름다운 청년이었다
중동지역 평화를 아랍인의 평화 세계의 평화를
부르짖으며 세계어를 배운 아름다운 청년이다
살아서 이루지 못한 아름다운 선교사다

김선일 님의 명복을 빕니다

이국만리 타국에서 처절한 죽음 앞에
고개 숙여 조의를 표하는 마음으로
순백한 백합꽃을 바칩니다

* (2004년 6월)
김선일은 세계 평화를 꿈꾸고 세계 말을 다 배워, 선교길 떠났다가 알자지라 만행, 3명을 나란히 무릎 꿇어놓고 권총을 겨누며 협박, 한 사람 탕, 또 한 사람 탕, 신앙을 버려라, 그러면 살려준다 해도, 끝내 그는 선교사로 주님을 찬양하며 순교하였다.

그리운 목소리

유난히 목소리가 맑아
아름다운 찬송 소리
성전에 들어가면
지금도 들리는 듯 그립습니다
세상 성도님 하나 없는 양로원 교회

성도님들 2~3천원 헌금으로
지탱하기 힘들어도
작고 힘없는 교회 틈틈이 도와주고
딱한 사정 손 내미는 길손 많아
그 손길 뿌리치지 못하고
그 모습 외면도 못해
수억의 빚을 남겨 금지옥엽 하나 딸
목자로 키웠건만
1년이 넘도록 예배 시간에
모습이 보이지 않습니다

주님은 능치 못할 일이 없으시고
무소불능 하시니 주님의 하나 딸
마음잡아 성전으로 돌아오게 하옵소서
두 손 모아 마음 모아 간절히 기도합니다
주님의 여종을 돌아오게 하옵소서

사랑의 꽃동산

돌을 쌓고 흙을 부어 높다란
2m 높이 꽃동산 만들어
동산 중앙에 느티나무 한그루
잘도 자라 동산을 다 덮어
그늘 아래 어르신들이
안락한 휴식을 즐겨하라고
아름다운 각종 꽃나무 심어
가꾸시며 좋아하시던 장로님

벤치에 어르신들 빙 둘러 모여앉아
담소를 나누는 모습이 보기 좋아
흐뭇해하시던 야베스 장로님
하는 길 떠나신 지 4년
장로님 피땀으로 지은 공원
주인 잃은 꽃동산은
돌보는 손길 없어 풀숲이 되었네!

예수님 사랑을 본받아
장로님의 그 삶이 기적을 만들어낸
애양원, 우리 노인 요양원
애양교회 이태곤 장로님을 추모합니다

야베스 공원에서

야베스 장로님, 터를 닦아
나무 심고 화초 심어 가꾸던 동산
돌보지않아 풀숲이라
볼 때마다 가슴 아팠다
국제 로터리클럽 마산 지회에서
방문차 둘러보기가 은혜롭지 못해
싹 밀어 신식 새 단장 새 모습으로
간판까지 세운 야베스 공원이 탄생했네

10월의 첫 주일
주님 앞에 예배드리고
시편 50장 15절 말씀 마음에 새겨
십자가 보혈의 씨앗 되어
주님의 자녀로
태어날 수 있음에 감사드린다

예배 후 야베스 공원에 앉아
지난날을 회상해 잠겨 있을 때
하늘 가신 야베스 장로님
언제 내 곁에 와 계시네
곁에 앉아 미소 지으며
다 떠난 애양교회
남아 있어 고맙다고 웃고 계시네

* 공원에 앉으니 장로님 생전의 생각이 나서…

빚진 자의 심정

우체국 공무원으로 봉직하다
심장병으로 호흡 곤란하여 사경을 헤맬 때
실낱같은 생명줄을 하나님이 붙드셨다
그 은혜를 갚을 수 없어 절박한 심정으로
안락한 자기 집마저 버려두고
푸줏간 하던 빈 땅을 구입해
허약한 몸으로 일군 두 명과 손수 벽돌을 쌓고
슬레이터 지붕을 덮어 허술 하지만 방 세 칸
목욕탕 화장실 모두 벽돌로 쌓아 올린 집이
완성되기까지는 수개월 걸렸다
천막집 맨바닥에 자리 깔고 교회도 지으셨다
오갈 곳 없는 노인을 한사람 두 사람 데려다
먹이고 재우고 건사하는 일에 혼심을 다 쏟아
할머니들을 돌보는 이태균 씨
소문 듣고 모여든 열 사람이 넘고
20여 명이나 늘어나니
부인과 둘이서는 감당이 안 되어
정부에다 법인 허가를 받으려니
1991년도 전 재산 5억을 기탁
끝내 허가 승인받았다
국가평가 A+A등급을 여러 차례 받았고
가끔 놓칠 때도 있지만
수시로 좋은 등급 받은 것에는

이태군 장로님 사랑이
곳곳에 배어 있음이 아니었을까

땅다지개 망께 노래

1973년 그때는 참 추웠다
가난에 쪼들려 굶주리던
그 어려운 시절에 동민의 밥벌이
동네 뒷산 골짝을 막는 연못 공사가 한창일 때
3일 일하면 밀가루 1포
눈이 뻔쩍 뜨이는 공사장 땅 다지기
그 은혜로 식구가 살아갈 수 있었다
크고 둥근 나무둥치를 다섯 가닥 줄을 달아
다섯 사람이 한 가닥씩 잡고 힘을 모아
앞소리 맞춰 어여차 망께야 하늘 높이 날라라

망께 노래

어여차 망께야 다져보자 망께야,
앞소리 힘을 모아 너도나도 띄워보세
어여차 망께야 연못 둑을 다져보세
이 연못이 막아지면 우리 동네 풍년일세!
어여차 망께야 하늘 높이 올라라

경사 났네 경사 났어 우리 동네 경사로다
동방문이 열리시고 서방문이 열리셨네
이망께가 뉘망껜고 여러분의 망께로다
천께망께 공중에 들고 다지고 다져보세

소리 맞춰 잘도 한다 어여차 망께야

그때는 일거리가 없어
새마을 운동으로 일거리 만들어
정부에서 간척계간지 사방공사
냇가 뚝 쌓기, 한길에 재갈 깔기
냇가 돌 고르기 각종 일거리 등등,

새벽종이 울리고 일터로 나갔었지
들로 산으로 사방공사로 밀가루를 받아
우리들은 배곯지 않고 살았으니
중년이 된 아들딸 볼 때마다
박정희 대통령님께
그 은혜 지금도 잊을 수 없다네!

뒤돌아보지 마라

한참 동안 성전 문턱만 넘나들다
주님 말씀 잊어버렸네
코로나19 바이러스가 예배를 막아
성전 문은 오랫동안 굳게 닫히고
마음에 중심도
길을 잃고 말았네

말씀에 주린 영혼이 마실을 가다
이곳저곳 기웃거려
이웃 성전에 들렸네
목회자의 전해지는 하나님 말씀
마디마디 가슴에 꽂혔네!
돌아보지 말고 앞만 보고 가라는
선지자 말을 기억지 못하고
세상 미련 버리지 못해
뒤돌아보는 순간
소금 기둥이 되어버린 롯의 아내

창세기 19장 23~26절
오늘의 주제 말씀
뒤돌아보지 마라
목회자 고진수 목사님께 감사하며
목회 말씀에 힘입어 성경을 다시 품었네

■ 해설

지구를 지배하는 건 남자,
그 남자를 키우는 건 어머니

예시원(시인·문학평론가)

■ 들어가며

　세상엔 허접한 사람과 허접한 인생은 있을 수 있어도 허접한 시는 있을 수 없다. 시인들의 주옥같은 시편들은 그들이 살아온 인생 내력의 흔적이며 세상을 바라보는 살아있는 세계관이기 때문이다. 김명이 시인은 작품을 겸손으로 내려놓으며 허접하다고 했지만, 한 생을 옹골차게 바다와 싸우며 살아온 질곡 같은 그녀의 인생 내력이기에 시집 『이것이 인생이다』는 너무나 소중한 기록이라고 할 수 있다.

　2004년 『그 사람이 보고 싶다』, 2011년 『바다가 쓴 시』, 2013년 고향 저서 『강바구를 노래한 사람들』, 2016년 수필집 『바다는 왜 성추행을 해도 죄가 되지 않을까』, 2018년 『늙은 고래의 푸념』, 2020년 『시작이 반이다』 2023년 『이것이 인생이다』 등 시인의 저서에서 볼 수 있는 특징은 한 생을 온전히 바다와 힘겨운 사투를 벌이며 온몸으로 세상과 질긴 줄다리기를 해온 투쟁 이력들이고, 그것을 모티브로 가족과 이웃 공동체를 따뜻한 시선으로 바라보며 세상과 화해하고 용서하는 마음으로 써내려 온 육필수기라고 할 수 있다.

시대적 배경과 상황은 다르지만 경남 통영이 고향인 소설가 고 박경리 님의 장편소설 『불신시대』에서도 나타나는 뚜렷한 특징은, 남편을 잃고 참담했던 그녀가 겪어야만 했던 질곡 같은 전 생을 일기 쓰듯이 차곡차곡 모아둔 기록물이었다는 것이다. 그것은 눈물과 한숨으로 쓴 처절한 『간양록』이라고도 할 수 있는 작품이었다.

시집 『이것이 인생이다』에서는 시인이 쓴 초기 작품들과는 달리 어기찬 뱃노래와 함께 하늘에 계신 그분을 마음에 영접하며 찾은 평화로움을 그려낸 시편들이 많았다. 그것은 다행한 일이었고 큰 은총이며 축복이라고 할 수 있다. 인간이기에 가질 수 있는 분노와 절망의 시간들조차 그녀는 항상 기도하고 감사하며 살 수 있었다. 삶의 에너지를 창조적으로 바꿔나갈 수 있었던 건 그녀의 강한 정신력이었고 그 원천은 신앙의 힘이었다고 할 수 있다.

김명이 시인이 초기 발간했던 작품집 대부분에서 우러나오는 속울음의 메시지는 가수 이미자 님의 《동백아가씨》같은 동질류의 느낌들이 많았다. 어쩌면 여자여서 삼켜야만 했던 '속울음'이 아니었을까.

"헤일 수 없이 수많은 밤을/ 내 가슴 도려내는 아픔에 겨워/ 얼마나 울었던가 동백 아가씨/그 리움에 지쳐서 울다 지쳐서/ 꽃잎은 빨갛게 멍이 들었오." - 중략 -

그럼에도 불구하고 그녀의 시편에서는 슬픔을 슬픔으로 남겨두지 않는 것, 바다의 거친 파도와 세상의 모든 시

련과 당당히 맞서며 아금박지게 살아온 내력과 억센 삶의 현장에서 생성되는 에너지를 느낄 수 있다. 또한 그리움의 한과 여자이기 때문에 겪어야만 했던 희생과 억울함을 한탄 속에 잠기지 않고, 어기차게 삶을 개척하는 역동성으로 그 모든 것을 치유해내고 정화(catharsis)함으로써 시인의 서사시는 삶의 지혜서 역할도 함께 해주고 있다.

그리움은 추억이 낳은 또 다른 쌍생아일 수도 있다. 추억이 없다면 그리움도 형성될 수 없다는 것이다. 시간여행에서 우리는 상황을 떠올리기도 하지만 그 상황을 조작하면서 새로운 그림을 그리고 변화를 모색해보기도 한다. 인간은 누구나 그러면서 과거에 집착하지 않고 미래를 보며 열심히 살아가는 것이다.

김명이 시인의 초기 작품엔 눈물이 절반이었고 이웃에 대한 사랑, 가족에 대한 애틋한 그리움을 노래한 작품들이 많았다. 거친 바다와 더불어 살아온 '청일호 여선장'은 가족들의 삶을 위해 여자이기를 포기했던 어머니의 긴 한숨이 담긴 노래였던 것이다. 지구를 지배하는 건 남자지만 그 남자를 다스리는 건 여자라고 한다. 그보다 더 위대한 건 어머니이다.

곡절 많은 세월, 굽이굽이 한 많은 사연들을 어찌 말로 다 표현할 수가 있을까. 시인이기에 시로서 노래하고 썰을 풀어낸 것이다. 시집 『이것이 인생이다』의 시편들은 영화 '타이타닉'에서 레오나르도 디카프리오(Leonardo Dicaprio)의 상대역을 맡은 여자주인공 케이트 윈슬렛(Kate Winslet)이 할머니가 되어, 젊은이들에게 자신이 경험했던 지난 이야기들을 담담하게 들려주는 것 같은 작품이었다.

  한편으론 거친 바다와 하나가 되며 이웃과 가족을 넓고 따뜻한 가슴으로 풀어낸 그 주옥같은 노래들은 시라기 보다, '넓은들 동쪽 끝으로 옛이야기 지즐대는 실개천이 휘돌아 나가고'로 시작되는 정지용 시인의 향수처럼, 시골 할머니가 손자에게 들려주는 아련한 고향의 옛이야기 즉 스토리텔링(storytelling)이라고 할 수 있다.

  이제 김명이 시인이 세상과 화해하고 가족과 이웃 공동체와 함께하며 부르는 노래는 더 이상 눈물과 한숨으로 쓴 『간양록』이 아닌, 삶의 고통을 당당히 싸워 이겨낸 사람이 넉넉한 긴 호흡으로 세상을 살아갈 것을 주문하며 남기는 지혜서라고 할 수 있다.

  그녀의 상상과 거짓된 꾸밈이 전혀 없는 리얼리즘 장편 대하소설과 같은 시집 『이것이 인생이다』에 들어있는 61편의 서사시를 감상하며 드라마 속으로 들어가 본다. 이제 할머니가 된 김명이 시인과 함께 시간여행을 떠나는 것이다.

  햇볕이 와 닿는 한낮
  푸른 바다가 눈이 부셔라
  남해 마을 바다는 에메랄드 지천이네

  무지개 길을 찾아 돌고 돌아
  신창 풍차 해안도로 달리다
  멋스런 풍차 앞 넓게 뻗은 갯벌,
  낙조에 맞물린 불타는 바다
  아름답기도 하여라

출렁다리처럼 길게 뻗은
바지선 아래 새끼 게들
짱뚱어 구멍 속으로 숨바꼭질에
시간의 개념도 잊은 채
아이도 어른도 놀이터가 되는 곳
동화 속 풍경 같은
보도블록 길이 환상적이다
길이 무지개다
　－「사천 무지개 길」 전문

　추억의 빼다지를 열면 그 안엔 갖가지 옛이야기들과 사진들이 잔뜩 들어 있었다. 그중에서 몇 장 끄집어내어 보면 이젠 켜켜이 먼지가 쌓이거나 아예 주택개량으로 사라진 옛 시골집 사진도 나온다.
　사람의 일생도 지나고 보면 참으로 화살촉처럼 빠름을 알 수가 있다. 아등바등 힘겹게 악다귀하며 아금박지게 살아왔는데 어느새 머리엔 서리가 내려 백발이 성성하고, 폭삭 낡은 슬레이트 지붕을 이고 촉수 뻗은 가지로 상처 입은 몸을 칭칭 동여맨 생은 힘겹게 둥치를 질질 끌고 가는 삼천포 멸치 배처럼 저녁놀에 매달린다.
　황혼의 시인은 마산 광암 바닷가 청일호 여선장에서 이젠 노년의 여유를 찾으며 광폭한 바다와 사투를 벌이는 대신, 사천 무지개 길을 찾아서 망중한을 즐기고 있다. 에메랄드빛 남해는 아이도 어른도 놀이터가 되는 것이다.
　정확한 지명은 사천 무지개 해안도로이며 대포 어촌마을 부잔교 갯벌탐방로에 있다. 그곳에는 질척거리는 질곡 같은 생처럼 잔뜩 흐리기만 한 해안선 따라 갯벌이 펼쳐

져 있어, 비 오는 궂은 날 장화와 레인코트를 걸쳐야만 할 것 같은 느낌이 들기도 하는 장소다.

하지만 맑은 날 무지개도로는 이제 새로운 명소로 자리 잡고 있는 곳이다. '낙조에 불타는 바다'에선 그곳을 찾는 이들마다 추억의 빼다지에 보관하는 장면이 바로 갯벌의 풍성한 먹거리와 에메랄드를 연상케 하는 바닷물, 산자락 너머로 길게 깔리는 붉은 저녁놀의 아름다움이다.

그것은 대자연이 우리에게 준 선물이며 복된 낙원이라고 할 수 있다. 붉살이 내리는 대포항 횟집에 들러 잡어 한 접시에 허기를 달래고 스러지는 아청빛 물결처럼 그리움의 자락을 노을에 흘리는 저녁이다.

한 달쯤 두문불출 한 채 해변 민박집에서라도 늘퍼지게 나는 누구인가, 산다는 건 무언가 생각하며 쉬고 싶지만, 퍼뜩 정신을 차려보면 김명이 시인이 머무는 마산 진동 광암이나 사천 실안 노을이 펼쳐지는 근처 대포항이나 모두 바닷가인 것을.

그냥 시뻘건 석양 밑에서 지인과 가족들이 아무 생각 없이 하루 휴식을 취할 뿐이다. 여기는 사천과 삼천포가 합쳐진 버뮤다 삼각지대 같은 중간지대이다.

    울 엄마 찰각찰각 베틀에 앉아
    몇날 며칠 무명베 짜서
    검정물 들인 이불 껍데기에
    빨강 깃 달아
    하얀 목화솜 속을 채운 폭신한 이불
    여섯 식구 그 이불 하나 밑에 꼼지락 꼼지락,
    엄동설한 이맘때가 되면

그때 그 이불이 생각난다

밖에 나간 식구들 밥 한 끼
엄동설한 그 겨울에
놋 양푼에 밥을 담아 식을세라
아랫목 이불 밑에 묻어놓고
사립문에 왔다갔다 들랑날랑
조바심이 아궁이에 불을 지폈다

꽁꽁 얼어 호호 불며 일하던 손들이
방바닥을 쓸며 이불 밑으로 밀어 넣고
저녁이면 여섯 식구의 발들이
함께 헝클어져 웃음꽃이 피었지
지금은 다 하늘가고 나 혼자 남아
가끔씩 형제간의 정을 키운
폭신했던 검정 이불이 생각난다
　　　　－「구들방 아랫목」 전문

　시인은 어린 시절 엄마가 베틀에 앉아 무명천을 짜던 '구들방 아랫목'으로 시간여행을 떠나본다. 이 땅의 어머니들이 고단한 노동의 굴레와 속박에서 벗어나지 못하면서도 가난한 집안과 가족들을 위해 희생하며, 낮과 긴 밤을 보내며 물레와 베틀질을 해야만 했던 시절의 이야기들은 따뜻함보다는 눈물겨움이 더 많았다고 해야 옳을 것이다.
　그러나 시인은 따뜻한 아랫목에 놓아 푹신했던 검정 이불과 당시 무명천을 만들던 목화솜을 떠올리며 포근한 기억의 풍경들을 작품에 옮기고 있다. 그 '구들방 아랫목'엔 적당히 게으름을 피우고 싶던 겨울밤의 추억이 지금까지 많은 이들의 뇌리에 남아있을 것이다.

　이불 밑에서 벌떡 일어나지 못한 채 아직도 몽중몽(夢中夢) 속에서 전쟁을 치르고 있고 그 전쟁놀이는 언제 끝날지 알 수가 없다. 거뭇발 어둠 속에서 헐떡이는 들개나 하이에나처럼 고개를 숙이고 배밀이를 하다 보면 어느새 막막궁산의 구렁이가 똬리를 틀고 있다. 누워서 이리 뒹굴 저리 뒹굴 하다 보니 이불이 또르르 말려 뱀처럼 틀어져 있는 것이다.

　문득 게으른 하품을 하고 눈곱이 낀 채 찔끔 눈물 어린 눈으로 방향을 틀어보면 태양빛이 붉으레미하다. 저것은 일출인가 석양빛인가 의아해서 다시 눈을 비비고 쳐다봐도 아침인지 저녁인지 도무지 헷갈리기만 한데, 엄마는 여전히 베틀 위에서 탈칵탈칵 씨줄과 날줄을 교차하며 북을 밀었다 당겼다 반복하고 있다.

　엄마는 긴 한숨인지 신음인지 내뱉으며 어깨와 허리를 연신 두들기고 있다. 저 너머는 분명히 평화가 있겠지, 잘 사는 날도 있겠지 하며 부스스 몸을 틀고 일어나는데 여전히 이불은 똬리를 틀고 있고 생과 사가 교차하던 구들장은 방금 전의 따뜻한 여운이 머물고 있다.

　또 하루가 뉘엿뉘엿 늘퍼지는지 시작되는지 희붐한 빛 따라 곰삭은 김치가드락에 고봉밥이 개다리소반에 얹혀 있다. "퍼뜩 씻고 아침 묵어라. 학교 안 갈기가? 지각할라. 아부지도 불러가 아침 드시라 캐라"

　엄동설한 이맘때가 되면 시인은 그때 그 아침 일출인지 저녁노을인지 희붐하고 붉으레미하던, 그 해안의 주단빛 파스텔색과 분주히 하루를 시작하던 여섯 식구의 웃음꽃이 그리워진다. 힘겹고 가난했던 시절이지만 그래도 그리운 건 가족의 포근함과 아랫목의 따뜻함이다. 아궁이 화덕의 군불 때던 장작불도 그리워진다.

> 그 무엇을 찾으려고
> 한평생을 바다에 저당 잡혀
> 그토록 동분서주 했던가
> 바람을 잡으려고 그물을 쳐도
> 그물에 걸리지 않는 바람소리
> 파도가 흰 이빨을 무섭게 드러내면
> 나는 파도의 등뼈를 타고
> 바람의 곡조 따라 마음 졸이며
> 온몸으로 춤을 추어야만 했었지
>
> 그렇게 희로애락을 함께했던
> 바다는 내 인생의 동반자
> 갈매기 벗을 삼아
> 상괭이와 말씨름하며
> 그렇게 또 한세월 살았지
>
> 사시사철 유행도 모르고
> 바다가 지어준 젖은 옷 한 벌
> 바다가 내게 베푼 만 가지 은혜가
> 오늘의 나를 만들어 주었네?
> 바다 생활 40년을 살다가
> 다 내려놓고 돌아보면
> 가져갈 것 하나 없는 빈손인 것을
> ─「이것이 인생이다」 전문

이제 더 이상 불안한 기다림으로 시간을 소모하며 덧없

는 사막 속으로 의미 없는 여행을 떠날 필요가 없다. 달빛도 별빛도 길 따라 달려와 빠르게 지나가며 마산항의 불빛 따라 길게 이어지고 연락선 뱃고동과 어선들의 엔진소리에 하루가 열렸다가 내려앉고 있다. 더 이상 목적 없는 고비사막 같은 시간은 김명이 시인에게 존재하지 않는다.

'한평생을 바다에 저당 잡혀' 하기 싫은 일을 억지로 했던 그녀는 어쩌면 지옥에서 고통을 당하고 있었다고 해도 과언이 아니었다. 젊은 날 사랑하는 연인을 두고 다른 남자와 하기 싫었던 결혼을 강요받았고, 그 남편마저 일찍 세상을 떠나 어둡고 캄캄한 바다, 차갑고 괴물 같은 바다의 삶에 족쇄를 찬 채 40년을 거친 바다와 사투를 하며 살아왔다.

그 모든 것을 가족을 위해서라는 명분으로 젊은 날 결혼도 등 떠밀려 했었고, 남편 사별 후에도 가족의 생계를 위해 막막한 바다의 삶을 살아야만 했던 그녀의 이름은 '김명이'가 아닌 '어머니'였던 것이다. 작품에서 볼 수 있듯이 '사시사철 유행도 모르고/ 바다가 지어 준 젖은 옷 한 벌'로 바다의 삶을 살아온 지 40년 뒤에도 뒤돌아보니 '가져갈 것 없는 빈 손' 뿐이었음을 문득 알게 된다.

노인과 바다에서 늙은 어부 산티아고는 왜 일생을 큰 물고기를 잡으려 그렇게 헤맸을까. 기껏해야 청새치 한 마리였을 뿐인데. 그것도 각다귀패들에게 시달린 것처럼 노인은 고기를 상어 떼에게 다 뜯어 먹히고 앙상한 뼈다귀만 남긴 채 무얼 했을까.

경우는 다르지만 또 다른 어떤 이들은 왜 일생을 코끼리 한 마리 찾기에 혈안이 되어 헤맸을까. 다리와 코를 장

님처럼 더듬거리며 그렇게 조각모음을 해서 무얼 할까. 그것은 상징적인 비유였지만 필사의 노력으로 커다란 참치 몇 마리를 잡으려는 어부의 몸부림 그 옆 바다엔 대형 트롤어선이 수백 마리의 참치를 끌어올리는데, 지금도 그 어부는 참치 한 마리 때문에 위험한 바다를 헤매고 있고 동료들은 그런 진정한 사나이라고 치켜세우며 엄지 척을 해 주고 있다.

모두가 다른 상황이지만 바다에서 필사의 사투를 벌인 건 동일한 것이었다. 그것도 각자의 어떤 목적이 뚜렷했던 것이다. 그중에서 김명이 시인이 선택의 여지도 없이 그 바닷길을 갈 수밖에 없었던 건 '어머니'였기 때문이다.

그녀도 이젠 세렝게티 초원에서 대지를 자유롭게 달리며 신선한 공기를 호흡하며 여유롭게 노년을 보내도 좋을 그런 연령이 되었다. 누군가로부터 또는 가족으로부터 돌봄(care)을 받아야 할 입장이지만 아직도 현장에서 아들 일을 도우며 작은 이웃을 돌아보는 여유로움은 어쩌면 믿는 자들의 강한 신념과 소명의식이 아닐까 싶기도 하다.

검은 바다 새벽 별 하나 따려고 홀로 마음에 날개를 달아
하루치 필요한 에너지를 충전한다
는개 내리는 이른 새벽 바다에 던져진 별을 찾아
콧노래로 어둠을 밝히는 내 자가용 털컥, 엔진이 꺼지고
용수철이 튕기듯 스크루 물살이 소용돌이 분수처럼 날린다
갈 곳 없는 떠돌이 굵은 밧줄이 구렁이 나무를 칭칭 감듯이
스크루 심부대를 칭칭 감아 꼼짝없이 잡혔다

넓은 바다에 도움 청할 곳 없어

죽기 살기로 내가 해내야 한다고
바다는 나를 어서 내려오라고 유혹하고
가는 밧줄 한쪽 끝으로 내 몸을 묶고
또 다른 한쪽 끝은 배 선체에 묶고
뱃고물로 내려갔더니 파도가 칠 때마다
내 옷을 벗기려는 무례함도 모자라
허연 이빨을 내보이며 침을 질질 흘린다

내 엉덩이를 찰싹찰싹 두들기면
간이 오그라드는 성희롱 당해도 속수무책
뱀 혓바닥처럼 온몸을 구석구석 핥아
소름 돋는데 아무 저항도 못 하는 내 몸은
마치 물살에 밀리는 미역 같더라
밧줄을 끊어내려고 칼을 쥐고
야금야금 베어 보지만 파도는 녹록치 않다
수십 번 바닷속으로 들어갔다 나왔다
짠물은 코로 들어갔다 입으로 뱉어내고
바닷물이 짠지 싱거운지 감각이 없다
다만 목이 터질 듯 따가울 뿐이다
장장 7~8시간의 사투 끝에
나는 바다를 한 움큼 움켜쥐고 뻗쩍 들어 올렸다
붉은 핏물이 손을 타고 뚝뚝 흘렀다
우와! 결국 해냈구나. 내가 해냈어
 　　－「바다를 이겼다」 전문

만남이 인연이 되는 것도 몰랐다
짧은 인연을 보내고
운명처럼 바다는 그렇게 나에게 왔다

꽃이 피고 지는 줄도 모르며
40년을 애인처럼 안고 살은 바다

파도가 치면 파도 따라
바람이 불면 바람 따라
바람의 음곡에 맞춰
온몸을 내맡기며 춤을 추었다

빈손으로 태어났는데
그물이 비었으면 어떠랴
젖은 옷 그대로 고드름을 털며
빈 배로 돌아가면 또 어떠랴
노을보다 붉은 가슴앓이
나는야 청일호 여선장

세월이 흘렀다
바다의 물살을 가르기엔
세월이 너무 흘렀다
지금 미더덕을 까면서
간간이 파도 사이로 들려오는
해조음을 들으면
겁도 많은 한 소녀가
평생 주는 대로 받아들인
바다 이야기를
아직도 다 못하는 어떤 인생 이야기를
― 「어떤 인연」 전문

생생한 영화의 한 장면을 보는 것 같은 작품이다. 읽는 독자마저 손에 땀을 쥐게 하고 오금을 저리게 하며 상황을 사실적으로 기록한 노래다. 그 무섭고 기가 막히던 조업 첫날밤을 시적 아름다움으로 승화시킨 솜씨는, 문단에서 활동하는 그 어느 기성 작가들보다 리얼하게 진한 감동으로 다가온다.

파도와 엎치락뒤치락하며 밤새 조업을 했지만, 무심한 바다는 단 한 번의 정사도 허락하지 않은 채, 그녀에게 빈 그물만 돌려주고 말았다. 세월이 흘러 담담하게 풀어놓는 이야기들이지만 당시엔 얼마나 처참한 상황이었는지 당사자가 아니고서는 짐작하기 어려운 일들이다.

 뱃일은 전통적으로 여성이 하면 재수가 없다며 남자들의 전유물인 것처럼 알려진 일이다. 그만큼 힘이 들고 거친 생활이기 때문이다. 비바람 맞으며 억척스럽게 40년 세월을 여자의 몸으로 뱃일을 해야만 했던 그 현실 앞에, 한때는 쓰라림과 절망감도 들었을 것이다. 그러나 현실 앞에 좌절하기엔 혼자가 아닌, 어머니로서의 무서운 책임감과 허기증이 있었을 것이다.

 배고픈 현실 앞엔 눈에 보이는 게 없다는 말이 있다. 여기서 여자이기 보다는 어머니로서의 책임감으로 남자도 감당키 어려운 뱃일을 차고 나간 시인은, 당당한 여장부라고 할 수 있다. 무서운 절망감을 당차게 밀치고 나간 뚝심을 서술한 작품, 여기에 바로 문학의 백미가 있다.

 어떤 인연으로 바다를 알게 되었고 그로 인해 바다에 무서운 절망감도 들었지만, 우주 만물의 주관자이신 하늘의 신에게 모든 것을 맡기고 의지한 채, 담대한 마음으로 바다와 대화를 하며 바다를 이겨나간 드라마 같은 그녀의 작품들은 장편 대하소설을 시로 축약한 스토리텔링이라고 할 수 있다.

 시인은 2011년에 낸 『바다가 쓴 시』 시집 서두에서 낮은 곳을 바라보면서 용기와 힘을 얻었고, 무엇이든 긍정적으로 생각할 수 있다는 결단을 거듭하며 살아간다고 했다. 긍정의 힘은 놀라운 기적을 만들 수 있다. 종교에서 말하는 영적인 기도의 힘 외에도 긍정의 힘은 곳곳에서 놀라운 일을 만들어내고 있다. 「바다를 이겼다」와 「어떤 인연」에서도 그녀를 우뚝 서게 했던 건 그녀가 믿는 신앙의 신비와 함께 어떤 절망적인 상황에서도 굴하지 않는 강한 긍정의 힘이 작용되었기 때문일 것이다.

시인들은 예언자이면서 기도를 하며 살아가는 수도자일 수 있다. 모든 문화예술인들이 같은 부류일 수도 있다. 삶 속에서 늘 깨어있고 늘 기도하며, 사색하는 이들이야말로 진정한 예술가들일 것이다. 생각 없이 하루하루를 단순하게 사는 것도 한 방법일 수 있겠으나 대상을 관찰하며 기록하는 것도 훌륭한 삶일 수 있다. 그것이 바로 시인의 사명이기도 하다.

일없이 바다 한 바퀴 돌고 싶어
뱃머리 줄을 풀었다
평생을 옆구리에 끼고 살던 갯바람
오늘도 어김없이 팔짱을 끼고 따르니
그래 같이 가자, 애교로 받아 주마
평생을 기계음에 묻혀 살았건만
오늘은 엔진소리가 정겹다
광암해수욕장을 지나
작은 섬, 수우섬, 지나
다람쥐섬에 가니
다람쥐 한 마리 솔가지 끝에서
꼬리로 쫄랑쫄랑 춤을 춘다
누군가 날 마중 나올 것 같더니
다람쥐가 날 반기는구나

또랑또랑한 다람쥐야 고맙다
그 옛날 뿌려놓았던
주저리주절 이바구 한 보따리 주워 담아
팔짱을 끼고 돌아왔더니

관절에서 소금기 저린 바람이 새어나온다
　－「추억을 찾아」 전문

　시 전문을 보던 중 마지막 행에서 뼈를 때리는 것처럼 생의 한 조각을 발견해냈다. '관절에서 소금기 저린 바람이 새어나온다'는 것은, 그 관절이 40년간 바다에서 조업을 하며 물에 젖은 작업복과 장화가 마를 날 없이 찬 바닷바람을 맞아 와서 이미 고장 난 지 오래된 기계장비처럼 낡았다는 의미다.
　추억은 그리움을 담보로 해야 되는 아름다운 기억이다. 그 기억엔 정말 생각하기도 싫은 지독한 가난의 흔적이나 아픈 일들도 많을 수 있다. 하지만 그 기억마저도 아름답게 품을 수 있을 만큼 세월의 강이 흘러오면 시간을 거슬러 다시 건너가 보고 싶도록 그리워지게 된다.
　바닷가 어촌은 어느 지역이나 신산한 풍경을 드러내는 곳이 많다. 가난의 냄새가 풀풀 풍겨나는 그곳엔 척박한 산촌의 정겨움보다 고생의 기억이 더 많을 수밖에 없을 것이다. 그럼에도 불구하고 김명이 시인의 그리움 속 풍경은 진한 정겨움을 그려내고 있다.
　삼면이 바다인 한국의 그 어느 바닷가 어촌에 가도 그 풍경은 비슷하다. 폭삭 늙은 슬레이트와 기와지붕을 이고 촉수 뻗은 넝쿨식물 가지 또는 임시처방으로 수리된 철사들이 너저분하게 상처 입은 몸을 동여매고 있고, 힘겹게 생을 질질 끌고 가는 포구마다 기울어진 뱃전에 저녁놀이 길게 매달려있다.

반면에 마산 광암의 바닷가에는 억척스런 선원들이 어기찬 함성을 지르며 펄펄뛰는 생명력이 느껴진다. 한때는 마산항도 쇠락해져가는 모습으로 소리 없이 태양을 삼키고 퇴역한 폐선에서 허물만 날리고, 공장에서 쏟아지는 검은 폐수로 인해 죽음의 바다가 된 적도 있었다.

지금은 바다 살리기 작업으로 맑은 물과 함께 사라진 어종들이 다시 되돌아오며 주변 어시장엔 마르지 않은 질긴 생을 써는 역동적인 칼질소리가 요란하다. 마산 사람들치고 진동 광암을 모르는 이가 없을 것이다. 오랜 세월이 지나 그 일대의 모습이 변하긴 했지만, 포구의 모습은 예나 지금이나 크게 다르지 않다.

예전 광암해수욕장의 추억을 모르면 마산 사람이라고 할 수 없을 정도로 많은 사람들이 오가며 이용을 했었고, 젊은 시절 연인들이 데이트하며 뱃놀이를 즐겼던 곳도 바로 그 인접한 가포유원지였다.

진동엔 오래전부터 경남운전면허시험장이 운영되고 있어서 마산시민이면 그곳을 한두 번 이상 다녀오지 않은 사람들이 드물 것이다. 물론 오가며 주변 가게나 식당을 이용하거나 당항포 유원지나 고성공룡박물관까지 가족 단위로 다녀온 시민들이 많을 것이다. 그런 만큼 광암 포구는 오랫동안 그곳의 바다를 삶의 터전으로 지켜온 김명이 시인이 터줏대감이겠지만 마산시민들의 추억도 별반 다르지 않을 것이다.

아무리 고생의 흔적이 역력한 바닷가 어촌의 신산한 풍

경이라도 그곳을 오가며 이용하는 이들에겐 아름다운 추억이 많을 수 있다. 물론 그 추억의 이면엔 어촌 주민들의 고생과 노력이 있었음도 부인할 수 없는 사실이다. 이은상 시인의 노래 '가고파' 중 '내 고향 남쪽바다/ 그 파란 물 눈에 보이네/ 꿈엔들 잊으리요/ 그 잔잔한 고향바다'의 그 바다는 바로 마산항과 가포를 넘어 산자락 따라 길게 이어진 광암의 바다를 말한다.

> 내가 미처 세상 바다에 빠졌을 때
> 그때는 주님을 몰랐었네
> 세상의 유혹에 휘청거릴 때
> 주님은 내게 매를 드시었네
>
> 매미가 세상을 뒤흔들었을 때
> 앞마당은 바다가 되고
> 집 앞에 여기저기 정박한 어선들
> 갈매기 왜가리도 덩달아
> 굿판을 벌일 때
> 그때서야 나 주님을 알았네
>
> 죄 많은 세상의 사람들은
> 하늘 무서운 줄 모르고
> 세상도 바다도 미쳐가는가
> 죄 가운데 두려워
> 떨며 눈치 보지 말고
> 속히 돌아왔으면 좋겠다
> 돌아오라 우리 주님 품으로
>   -「그때는 나 주님을 몰랐네」 전문

사특한 바다는 인간에게 아름다움만 선사하진 않는다.

바다에서 먹거리를 찾고 생을 잇는 바다 사람들, 자연은 그들에게 먹을 것도 주지만 때론 엄청난 뚝장군이 된다. 바다는 전장에서 얻은 전리품인양 온갖 잡동사니 다 끄당기며 영역을 표시하고 붉은 맨살도 드러낸다. 갯가에 이리저리 흩어진 어구들, 엄청난 양의 쓰레기도 함께 나뒹군다. 얄미운 바다는 그런 짓을 해 놓고 태연하게 옹알이하는 어린아이처럼 파도를 달구침 한다.

 김명이 시인은 모진 세상 풍파를 온몸으로 헤치며 살아 왔어도 막상 육상의 시간들보다 해상에서 바다와 사투하며 생을 이어온 삶의 기간이 길었다. 믿는 자의 삶을 살아 오며 기도하는 시간이 많았지만, 정작 바다에 나가서 거센 파도와 씨름하는 그 순간에 진정한 신앙인의 마음으로 겸손하게 주님을 찾을 수 있었다며 작품에서 회고하고 있다.

 그녀는 지금도 세상과 바다가 미쳐가도 '죄 가운데 두려워 떨며 눈치 보지 말고' 주님 품으로 돌아오라며 자신과 이웃 모두를 위한 기도를 하고 있다. 막상 신앙인으로서 주를 영접하다 보면 세상사 두려움 없이 담대하게 대처해나갈 수 있는 것은 사실이다. 일반인들도 담담하게 세상을 살아갈 필요가 있지만 신앙인들은 흔히 '세상에서 제일 크고 센 백이 하나님 백'이라고 은근히 과시하기도 하며 믿음을 더욱 다지기도 한다.

 황혼이 질 때 수평선을 바라보는 나이가 되면 세상사 집착하지 않고 결코 화려하거나 빛나는 삶에도 연연하지 않게 된다. 큰 욕심이 사라지고 소소한 일상에 만족하고 감사하는 마음이 들게 된다고 한다. 그리스도인의 신앙

간증이나 성령체험의 고백은 막연한 기도 보다 영적인 치유와 사회봉사의 기쁨을 통해 거듭남의 은사를 받아야 진정한 신앙체험이라고 할 수 있다.

간절한 기도를 통해 주님의 응답이 오기보다는 부르심에 순종하는 것이 진리를 향해, 한 걸음 더 나아갈 수 있음을 깨달은 김명이 시인은, 거동하기에 불편한 나이에도 불구하고 지금도 이웃공동체를 향한 기도와 봉사의 시간을 보내고 있고, 그런 체험을 통한 고백을 작품으로 옮기며 새로운 각오를 다지고 있다.

제목에서처럼 '그때는 나 주님을 몰랐네'라는 마음은 그때나 지금이나 주님을 영접하는 신앙인들은 주님을 몰라서라기보다 가까이 다가가는 실천을 못해서일 뿐이다. 그런 뒤늦은 깨달음으로 적극 행동실천에 나선 기쁨을 주님께서 주신 은혜로 알고, 성도들과 많은 사람들에게 널리 알리고 공유하며 고백하는 마음이야말로 진정한 성령체험이라고 할 수 있다.

김명이 시인은 젊은 시절 광폭한 바다와 싸우는 중에도 늘 깨어있었고 기도를 쉬지 않았으며, 노년의 나이인 지금도 늘 감사하는 마음으로 살아가는 신앙인이다. 이 작품은 거룩하고 복된 날을 살아가는 것과 주님을 구원자로 영접하고 새롭게 거듭난 것이, 다 말씀과 믿음으로 말미암아 구원받은 것이었음을 고백하는 기도문이라고 할 수 있다.

김명이 시인의 기도문에서는 19세기 영국 시인 윌리엄 어니스트 헨리(1849~1903)의 작품 인빅터스(Invictus, 굴하지 않는, 무적)라는 시를 연상케 한다. 윌리엄 어니

스트는 바다와 싸우며 운명의 주인과 영혼의 선장은 자신이라고 강한 자신감을 가진 반면에 김명이 시인은 겸손과 온유로 주님께 간구한 것의 차이가 있다. 두 사람 모두 바다와 사투를 벌이며 생을 포기하지 않는 백전불굴의 정신은 동일하다고 할 수 있다.

> 아가야 너는 복된 가정에 등불이 되어
> 이 세상에 태어났구나!
> 아가야 너는 커서 아비의 희망이 되고
> 네 어미의 꿈이 되어 주님의 은총으로
> 영원히 시들지 않는 웃음꽃으로 피어라
>
> 아가야 너는 축복된 나라에 횃불처럼
> 이 세상에 태어났구나!
> 아가야 너는 커서 만인의 지팡이가 되고
> 어두움을 밝혀주는 빛이 되어
> 주님이 아끼는 보석이 되어라
>
> 아가야 너는 사랑을 전하는 성령의 은사로
> 이 세상에 태어났구나!
> 지극히 작은 자를 돌아보는 자가 되고
> 구제하는 마음 길러 기쁨을 찾아
> 임마누엘 함께 동행하며 즐거워하라
>
> 아가야 네 어미는 할미의 첫사랑이고
> 너는 네 어미의 첫 새끼란다
>
> * 딸이 불임이라 기도로 얻은 손녀.
> - 「첫 손녀 사랑」 전문

성가정에서 자녀를 얻는 것은 하늘이 주신 대단히 큰

축복이라고 할 수 있다. 동정녀 성모 마리아가 성령으로 잉태하여 예수 그리스도를 낳은 것도 축복이었지만, 대단히 큰 고난과 불행의 과정이 있었던 것도 사실이다. 이런 과정이든 저런 과정이든 가정에 새로운 생명이 탄생하거나 들어온다는 것은 길흉화복(吉凶禍福)에서 아주 길한 것이라고 할 수 있다.

하나님의 아들 아브라함의 가계를 보면 알 수 있듯이 하늘이 내린 소명과 축복 중에서 가장 큰 것이 많은 수의 자녀를 낳는 것이었다. '생육하고 번성하여 땅에 충만하라'는 언약이 바로 그것이다.

물론 그것은 아주 오래된 고대시대의 유목과 농경사회에서 일꾼들이 많이 필요했던 시절이었고, 가족 공동체 구성원이 많으면 많을수록 좋았기에 다자녀 출산이 절실했을 것이다. 당시엔 부족 간의 전쟁이 잦은 탓이기도 했을 것이다.

오늘날엔 제일 큰 이유 중의 하나인 취업과 경제문제 때문에 결혼을 늦게 하거나 자녀출산을 기피하는 가정이 늘고 있어 사회문제가 심각해지고 있다. 이런 이유든 저런 이유든 인구가 줄어든다는 것은 국가나 사회 전체적으로 아주 심각한 문제가 아닐 수 없다.

김명이 시인의 작품에서는 딸이 불임이라 기도로 얻은 손녀가 성령의 은사로 이 세상에 태어났다고 기뻐하며 축복으로 받아들이고 있다. 예전에는 그런 과정으로 들어온 자녀의 경우 가족들이 예민하게 생각하며 그런 말을 꺼내는 것조차 금기시했던 시절이 있었다.

하지만 요즘엔 사회 분위기도 자연스럽게 받아들이는

추세이기 때문에 전혀 눈치를 보거나 터부시할 필요가 없다. 내리사랑이든 치사랑이든 부부간의 사랑이든 거기에는 어떤 조건이 따라서는 안 될 것이고 많은 가족, 연인들이 그렇게 살아가고 있다.

구약성경에 이사야가 젊은 여인에게서 태어날 한 아기에 관해 언급한 구절이 있는데 그 아기에게 붙여진 이름이 '임마누엘'이다. 하나님께서 우리와 함께 계시다는 뜻을 지닌 임마누엘은 바로 성령이 우리에게 임하고 계시다는 의미이기도 하다.

하나님과 성령의 징표는 바로 축복을 의미한다. 마태복음 1장 23절에 "보라 처녀가 잉태하여 아들을 낳을 것이요 그 이름은 임마누엘이라 하리라 하셨으니 이를 번역한즉 하나님이 우리와 함께 계시다 함이라"고 나와 있다.

동정녀 마리아가 낳은 아이는 결국 처녀가 얻은 자녀라는 것이다. 예수 그리스도는 그 밤에 어린아이를 덮거나 업는데 쓰는 이불(포대기) 강보(襁褓)에 쌓여 마리아에게로 왔었다. 성경에 쓰인 표현에도 '축하'가 아닌 '축복'이라고 나와 있다.

하늘이 내리신 '축복'의 의미는 위대한 선물, 큰 은총이라는 것이다. 김명이 시인의 첫 손녀 사랑도 임마누엘이라고 하는 것이 옳을 것이다. 그만큼 위대한 사랑으로 실천하며 얻은 자녀이고 손녀이기에 그 기쁨은 세상 어느 것 보다도 컸을 것이다.

주님의 은총으로 복된 성가정에서 첫 손녀가 무럭무럭 건강하게 잘 자랄 것을 시인은 늘 기도하며 사랑으로 기록하고 있다. '첫 손녀 사랑'은 그녀의 일기문이며 기도문이라고 할 수 있는 작품이다.

> 창 넓은 찻집에서
> 봄 햇살 같은 은은한 미소에
> 내 마음을 빼앗겼다
> 한 아름 그리움이 풍기는
> 추억을 보석처럼 껴안고
> 그 찻집에서 지난날 돌아보니
> 지금도 가슴이 설렌다
> 원형 테이블에 놓인
> 액세서리 인형처럼
> 잠시 내게로 온 당신
> 따뜻한 사랑이 오가던
> 지난 날이 그립다
> 아직도 내게
> 이른 설렘이 있을 줄 몰랐다
> 살짝살짝 내 마음 흔드는
> 당신이 보고 싶다
> 향기로운 커피보다
> 더 진한
> 사람 냄새가 더 좋더라
> 스산한 가을바람 따라
> 함께 걷든 그 길에도
> 바람 불고 해 뜨고 노을도 지겠지
> ―「인연이란」 전문

 바다는 인간에게 아름다움만 선사하진 않는다. 연인들은 낭만을 떠올리겠지만 현실에선 삶 그 자체다. 더욱이 바다에서 먹거리를 찾아야만 하고, 생을 잇는 사람들에겐 바다가 아름다울 수만은 없을 것이다. 자연은 인간에게 먹을 것도 주지만 때론 엄청난 재앙도 함께 주고 있기 때문이다.

태풍 나비, 매미처럼 예쁜 이름을 갖다 붙이기엔, 너무나 처참한 재해를 우리에게 준 일도 있다. 바다는 전장에서 얻은 전리품인양 온갖 잡동사니 다 끌어내 영역을 표시해 놓는다. 갯가에 이리저리 흩어진 어구들은 말할 것도 없겠지만, 엄청난 양의 쓰레기들도 함께 나뒹굴게 된다.

참 얄밉게도 바다는 그런 짓을 해 놓고도 태연하게 잔잔해지고, 옹알이하는 어린아이처럼 파도를 내밀고 있다. 바다의 오후 세 시는 해변 테라스에서 느긋하게 앉아

향기 좋은 커피 한 잔에 오수를 즐기는 시간이다. 시인의 발등에 언어를 그리고 찰박이던 물살조차 조는 오후 세 시다.

바다의 오후는 그녀에게 귀로를 향한 분주한 시간이었기도 하다. 시인은 분노의 바다와 사랑의 바다를 함께 보았고, 이제 그것을 가슴에 품고 있는 것이다. 엉망진창인 바다에서 조용히 물수제비를 뜰 수 있는 여유, 그것은 억척스럽게 살아온 바다 사람만이 느낄 수 있는 전유물이기도 하다.

요즘 시의 위기에 대한 원인과 처방에 대한 진단이 문단에 많이 회자되고 있다. 시가 독자들과 문단에서 외면 받고 있는 것은, 시대와 현실이 많이 변했다는 외부적인 요인도 있다. 시가 현실과 인생을 풍부하고 아름답게 반영하지 못하고, 자기 폐쇄적인 미로 속에 들어앉은 아픈 작품들이 많기 때문일 것이다.

그런 문단의 현실 속에서, 김명이 시인의 서정성이 강

하고 리얼리즘이 살아있는 체험 시는, 대부분 자전 소설적인 요소가 많은 작품들이다. 자신의 삶을 어떤 영감을 통해 살아있는 시로 승화시킨 문학적 기법이 훌륭한 작품이라 할 수 있다.

시인은, 시집 서두에 낮은 곳을 바라보면서 용기와 힘을 얻었고, 무엇이든 긍정적으로 생각할 수 있다는 결단을 거듭하며 살아간다고 했다. 긍정의 힘은 놀라운 기적을 만들 수 있다. 종교에서 말하는 영적인 기도의 힘 외에도, 긍정의 힘은 곳곳에서 놀라운 일을 만들어내고 있다.

시인들은 예언자이면서 기도를 하며 살아가는 수도자일 수 있다. 모든 문화예술인들도 같은 부류일 수 있다. 삶 속에서 늘 깨어있고 늘 기도하며 사색하는 이들이야말로 진정한 예술가들이다. 생각 없이 하루하루를 단순하게 사는 것도 한 방법일수 있겠으나 대상을 관찰하며 기록하는 것도 훌륭한 삶일 수 있다. 그것이 바로 시인의 사명이며 시대정신이기도 하다.

믿는 자는 주님이 늘 지켜주리
우리가 하늘가는 선원이라면
천성을 향해 가는 길에
나침판은 성경책이라
하나님 믿는 자는 낙심치 않으리

우리 모두 하늘가는 항해사가 되자
코로나19로 고통 중인 많은 사람
바울이 이탈리아로 가던 중
고난 당한 말씀이 생각난

하나님 말씀을 듣는 항해사가 되자

믿음의 스위치
성경의 스위치 자주 켜고
하나님이 주신 나침판인 양심을 밝히는
예수님 주신 횃불을 들고
정확히 알고 행선하는
하늘가는 항해사 되자
　　-「하늘가는 항해사」 전문

김명이 시인이 여자기이 때문에 겪어야만 했던 그 일생의 수모와 험한 여정의 산전수전 공중전(山戰水戰 空中戰)을 밀치며 억척스럽고 아금박지게 살아왔다. 그 힘의 원천은 그녀가 독실한 크리스천으로 '믿는 자'였기 때문이기도 하다.

일반인들이 악마로부터 지배당할 때 '너의 배후는 나다'고 하거나 자신을 굳건히 지킬 때 '나의 배후는 나다'라며 모든 건 마음먹기 달렸다고 강한 자신감을 보이기도 한다. 하지만 그녀는 그것을 뛰어넘어 '나의 배후는 하늘에 계신 그분이시다'며 세상사 담대하게 대처하며 살아온 힘의 원천을 그분에게 돌리고 있다.

'쉬지 말고 기도하라, 범사에 감사하라'는 메시지를 늘 마음속에 간직하며 그것을 실천하고 가족과 이웃을 위해 희생 봉사하며 살아온 그녀만의 의연한 삶의 자세였기도 하다.

'하늘가는 항해사'에서 믿는 자들은 주님이 늘 지켜주는 선원들이고 나침판은 성경책이라고 비유하였다. 여기서 교회를 거대한 선박에다 비유하자면 그 배는 하늘가는 열차라고도 할 수 있으며, 선박의 선장과 열차의 기관사는 교회 공동체를 이끄는 주님의 사도인 목회자라고 할 수 있다.

그 밑에 근무하는 1항사와 2항사는 전도사 또는 강도사에 비유할 수 있으며 장로와 집사는 선박회사를 운영하는 경영 주체와 선박의 살림을 책임지고 진두지휘하는 갑판장이라고 할 수 있다. 어느 조직체나 그런 크고 작은 직분을 맡은 사람들이 굳건하게 자리를 지키며 제 임무를 수행해주기에 그 조직 공동체가 잘 운영이 되고 성장해나갈 수 있는 것이다.

작품에서 시인은 '하나님 말씀을 듣는 항해사'가 되어 '정확히 알고 행선하는/ 하늘 가는 항해사가 되자'며 다짐을 하고 있다. 마무리 부분에서 모두가 하나 되어 주님의 그 집에 '함께 갑시다'는 염원을 실어 간구의 기도를 올리며 시를 마치고 있다.

할레드 호세이니의 '바다의 기도' 중 한 구절이 떠오른다. "하늘에서 떨어지는 폭탄들/ 굶주림/ 죽음/ 아빠가 할 수 있는 건 기도뿐이었단다" 여기서 신이 아닌 나약한 인간이기에 할 수 있는 건 오직 간절함에서 우러나오는 기도였을 것이다. 김명이 시인의 담대함도 결국 신에 대한 믿음이 있기에 가능했을 것이다.

선박이 항해 중 변속하거나 변침했을 때 생기는 자이로컴퍼스 오차로 인한 편향 오류(Ballistic deflection error)가 발생하지 않게 항해사의 역할이 중요하다. 그만큼 조직에서는 가이드(Guide)와 조력자(helper)의 호흡과 조화가 잘 맞아야 한다는 것이다. 일반 조직에서는 리드(Lead)나 조력자(assistant) 관계가 중요하지만 교회나 이웃 공동체에서는 봉사자(supporter)의 역할이 중요하다는 뜻이기도 하다. 김명이 시인은 가정에서나 교회와 이웃 공동체에서 그 역할을 믿음의 스위치로 켜며 아무런 대가나 조건 없이 해 온 것이다.

■ 나가며

시집 『이것이 인생이다』 61편으로 이어진 서사시는 생생한 영화의 한 장면을 보는 것 같은 작품들이었다. 한편 한편이 읽는 독자마저 손에 땀을 쥐게 하고 오금을 저리게 만들며 사실적으로 묘사를 한 노래라고 할 수 있다. 그 무섭고 기가 막히던 조업 첫날밤을 시작으로 긴 질곡 같은 생을 세상과 화해하고 용서하는 마음으로 담담하게 시적 아름다움으로 승화시킨 솜씨는, 문단에서 활동하는 그 어느 작가들의 작품보다 감동으로 오는 느낌과 맛이 좋았다.

파도와 엎치락뒤치락하며 밤새 조업을 했지만, 무심한 바다는 단 한 번의 정사도 허락하지 않은 채, 빈 그물만 그녀에게 돌려주고 말았다. 세월이 흘러 담담하게 풀어놓는 이야기들이지만, 당시엔 얼마나 처참한 상황이었는지 당사자가 아니고서는 짐작하기 어려운 일들이다. 뱃일은 전통적으로 여성이 하면 재수가 없다며 남자들의 전유물인 것처럼 알려진 일이다. 그만큼 힘이 들고 거친 생활이기 때문이다.

비바람 맞으며 억척스럽게 40년 세월을 여자의 몸으로

뱃일을 해야만 했던 그 현실 앞에 쓰라림과 절망감도 있었을 것이다. 그러나 현실 앞에 좌절하기엔 혼자가 아닌 어머니로서의 무서운 책임감과 허기증도 있었을 것이다.

배고픈 현실 앞엔 눈에 보이는 게 없다는 말이 있다. 여기서 여자이기보다는 어머니로서의 책임감으로, 남자도 감당키 어려운 뱃일을 차고 나간 시인은 당당한 여장부라고 할 수 있다. 무서운 절망감을 당차게 밀치고 나간 뚝심을 서술한 작품, 여기에 바로 문학의 백미가 있다.

바다는 인간에게 아름다움만 선사하진 않는다. 연인들은 낭만을 떠올리겠지만 현실에선 삶 그 자체다. 바다에서 먹거리를 찾아야만 하고 생을 잇는 바다 사람들에게 그곳은 결코 아름다울 수만은 없다. 자연은 인간에게 먹을 것도 주지만 때론 엄청난 재앙도 함께 주기 때문이다. 태풍 나비, 매미처럼 예쁜 이름을 갖다 붙이기엔 너무나 처참한 재해를 우리에게 준 일도 있다.

김명이 시인이 긴 호흡으로 쓴 대서사시를 어찌 짧은 말로서 다 형언할 수 있을까만, 굳이 비유를 해 본다면 한국의 어머니들이 자주 웅얼웅얼 하면서 불렀던 노래가 생각이 난다. 바로 가수 이미자 님의 《여자의 일생》이다.

"참을 수가 없도록 이 가슴이 아파도/ 여자이기 때문에 말 한마디 못하고/ 헤아릴 수 없는 설움 혼자 지닌 채/ 고달픈 인생길을 허덕이면서/ 아아 참아야 한다기에 눈물로 보냅니다/ 여자의 일생/ 여자의 일생"

바다에서 낮과 밤의 담금질은 뜨거움과 차가움의 반복됨이 빨라지고, 담금질을 통해 꿈과 현실의 차이를 극복할 수 있는 익숙해짐이 쌓여가게 된다. 직물처럼 짜인 어스름과 허공과 물의 경계가 없어질 무렵, 낮의 하늘과 바다의 경계도 밤의 풍경과 결코 다르지 않다. 어느 것이 하늘이고 어느 것이 물빛인지 희미해질 무렵, 직물처럼 짜인 어스름은 허공과 바닷물을 가르는 경계를 붙여버린다.

그물에 널려 꾸덕꾸덕 말라가는 생선 같은 한 어부의 생처럼, 바닷가 삭풍에 삭은 노인 어부의 해소기침 소리는 밤새 들리는 파도소리처럼 그칠 줄 모른다. 마른 아귀처럼 푸석하고 꾸덕꾸덕하게 늙어가는 청일호 여선장의 생은 한줄기 바람이었다. 생과 사를 나누는 저 단순한 경계등은 낮과 밤을 가르며 뗐다 붙였다 반복하며 마음대로 할 수 있는 주관자이고 바다 어부의 생도 그와 다르지 않을 것이다.

인간의 삶과 죽음은 신에게 달려있겠지만, 때론 본인의 생에 대한 강한 의욕이나 체념 또는 포기를 통해 운명이 갈라질 수도 있다. 그러나 그녀의 어기찬 뱃노래와 이웃 공동체를 향한 따뜻한 시선은 하늘의 그분을 경배하고 찬양했던 삶을 통해 얻은 결과물이었고, 그로 인해 어제의 힘겹고 고통스러웠던 시간을 대긍정과 희망으로 변화시킨 추동력이었다고 할 수 있다.

그의 생은 삶에 대한 강한 애착이 부른 기도 소리에 하늘의 그분이 응답하고 열어준 은총이었다고도 할 수 있다. 61편의 시편들 중 뒤쪽 '첫사랑'부터 시작된 30여 편의 작품들이 그것을 말해주고 있다. '돌아보지 말고 앞만 보고 가라'는 선지자의 말처럼 일생을 당차게 밀고 왔던 그녀는, 이제 그 모든 것을 내려놓고 안도의 긴 숨을 내쉬며 담담하게 정리하고 있는 것이다.

창연시선 022

이것이 인생이다

2023년 8월 31일 초판 1쇄 발행

지 은 이 ㅣ 김명이
편   집 ㅣ 이소정
펴 낸 이 ㅣ 임창연
펴 낸 곳 ㅣ 창연출판사
주   소 ㅣ 경남 창원시 의창구 읍성로 36
출판등록 ㅣ 2013년 11월 26일 제2013-000029호
전   화 ㅣ (055) 296-2030
팩   스 ㅣ (055) 246-2030
E - mail ㅣ 7calltaxi@hanmail.net

값 13,000원
ISBN 979-11-91751-45-1   03810

ⓒ 김명이, 2023

* 이 책의 판권은 저자와 창연출판사에 있습니다.
* 양측의 서면 동의 없이 무단 전재나 복제를 금합니다.
* 한국예술복지재단의 지원으로 출간을 하였습니다.